아들 박찬에게 이 책을 전하며,
조국을 위해 헌신한 모든 분들께 바칩니다.

민족의 영웅, 시대의 빛

安重根

초판 1쇄 발행 2013년 12월 10일
초판 2쇄 발행 2016년 11월 30일

저 자 박 환
발행인 윤관백
발행처 도서출판 선인

디자인 박애리
윤 문 김은혜
영 업 김현주

인 쇄 대덕문화사
제 본 바다제책

등 록 제5-77호(1998. 11. 4)
주 소 서울특별시 마포구 마포대로 4다길 4
전 화 02-718-6252 **팩 스** 02-718-6253
E-mail sunin72@chol.com
Homepage www.suninbook.com

정 가 15,000원
ISBN 978-89-5933-667-8 93990

민족의 영웅, 시대의 빛

安重根

박 환

도서출판 선인

들어가는 말

여기 한 어머니가 사형을 앞둔 아들에게 쓴 편지가 있다.

네가 만약 늙은 어미보다 먼저 죽은 것을 불효라 생각한다면,
이 어미는 웃음거리가 될 것이다.
너의 죽음은 너 한 사람 것이 아니라
조선인 전체의 공분을 짊어지고 있는 것이다.
네가 항소를 한다면 그것은 일제에 목숨을 구걸하는 짓이다.
네가 나라를 위해 이에 이른즉 딴 맘 먹지 말고 죽으라.
옳은 일을 하고 받은 형이니 비겁하게 삶을 구하지 말고,
대의에 죽는 것이 어미에 대한 효도이다.
아마도 이 편지가 이 어미가 너에게 쓰는 마지막 편지가 될 것이다.
여기에 너의 수의壽衣를 지어 보내니 이 옷을 입고 가거라.
어미는 현세에서 너와 재회하기를 기대치 않으니,
다음 세상에는 반드시 선량한 천부의 아들이 되어 이 세상에 나오너라.

아들의 죽음 앞에서 애통해하기보다는 오히려 당당히 죽으라 한 이 어머니의 이름은 조마리아. 바로 안중근의 어머니다. 조마리아와 안중근은 '그 어머니에 그 아들'이라는 말이 참으로 잘 어울리는 모자지간이었다. 안중근은 옥중에서 자신을 찾아 온 두 동생에게 다음과 같은 유언을 받아쓰게 했다.

내가 죽은 뒤에 나의 뼈를 하얼빈 공원 곁에 묻어두었다가 우리 국권이
회복되거든 고국으로 반장해다오.

나는 천국에 가서도 또한 마땅히 우리나라의 국권 회복을 위하여 힘쓸 것이다. 너희들은 돌아가서 동포들에게 각각 모든 나라의 책임을 지고 국민 된 의무를 다하며 마음을 같이 하고 힘을 합하여 공로를 세우고 업을 이루도록 일러라. 대한 독립의 소리가 천국에 들려오면 나는 마땅히 춤추며 만세를 부를 것이다.

인간은 죽음 앞에서 나약한 존재다. 그러나 안중근은 달랐다. 오히려 "대한 독립의 소리가 천국에 들려오면 나는 마땅히 춤추며 만세를 부를 것이다"라고 말하였다. 그에게는 '대한 독립의 소리'가 너무도 간절했기에 '사형 선고 소리'는 작은 소음 정도에 불과했던 것이다. 암울하고 참담했던 우리의 시대를 환히 비춰준 시대의 빛 안중근, 그는 과연 누구인가?

안중근 의사는 구한말 일제의 침략으로 나라가 위기에 처했을 때 침략의 원흉인 이토 히로부미를 처단해 우리 민족의 혼과 정신이 살아있음을 만천하에 알린 민족의 영웅이다. 그는 일찍이 의병 활동에 투신하기 전 진남포에서 사재私財로 삼흥학교三興學校와 돈의학교敦義學校를 운영하여 후세 교육에 모든 힘을 쏟았다. 그리고 국채보상운동 서북 지역 책임자를 맡아 민족계몽운동을 펼쳤다. 러시아 연해주에서는 활발한 국내 진공 작전을 전개하기도 했다.

안중근 의사는 위대한 독립 투사였을 뿐 아니라 위대한 평화주의자이기도 했다. 그는 재판에서 하얼빈 의거가 한국의 독립뿐 아니라 동양 평화를 위해 거행한 것임을 분명히 밝혔다. 옥중에서 구상한 '동양평화론'의 내용은 100년이 지난 지금의 유럽공동체EU, 세계은행IBRD, 국제통화기금IMF 등 국제기구의 기능과 거의 일치하여 매우 놀랄 만한 것으로 평가되고 있다. 안 의사는 1908년 의병투쟁 당시 생포한 일본군 포로를 놓아주었으며, 여순旅順 감옥에서도 간수 등 주변 일본인들에게 화해와 평화의 메시지를 전하는 등 진정한 평화 정신의 소유자였다.

안중근 의사는 위대한 민족의 영웅이자 용감한 민족운동가요, 탁월한 정치사상가이자 진정한 평화론자였다. 특히 한 나라의 독립운동가를 넘어 동양평화론자였다는 점이 오늘을 살아가는 우리들에게 큰 감동을 안겨준다.

안중근 의사는 순국 전 "내가 죽은 뒤에 나의 뼈를 하얼빈 공원 곁에 묻어두었다가 우리 국권이 회복되거든 고국으로 반장해다오"라는 유언을 남겼다. 그러나 우리는 부끄럽게도 그가 떠난 지 100여 년이 지난 지금도 안중근 의사의 유해를 그가 그토록 그리워하던 조국에 모셔오지 못하고 있다. 일제는 안중근 의사의 유해를 묻은 위치를 알려주지 않은 채 패망했고, 우리는 지금도 그가 있는 곳을 찾지 못했다.

그동안 민족의 영웅이자 시대의 빛이었던 안중근 의사를 다룬 수많은 논문과 저서들이 간행되었다. 그럼에도 불구하고 안 의사의 진면모를 역사적 관점에서 서술한 책은 그리 많지 않은 것 같다. 이에 지금까지 이뤄진 학계의 연구 성과를 충분히 담아 이 책을 발간하고자 한다. 풍부한 역사적 사실과 함께 다양한 사진들을 제공하여 독자들에게 보다 입체적인 이야기를 제시하고자 한다. 100여 년 전 이토를 향해 쏘아진 거침없는 총알처럼 오직 '대한 독립'을 향해 거침없이 나아갔던 안중근 의사의 삶이 독자들의 가슴에 뜨겁게 전해지길 바란다.

책자 간행에 도움을 주신 조동성 안중근의사기념관장님과 관계자 여러분께 진심으로 감사를 올린다. 아울러 항상 열정을 가지고 격려해주신 안응모 이사장님, 학문적 가르침을 주신 정병준 교수, 김형목 박사, 오영섭 교수, 성주현 교수, 정하철 선생님, 채내희 선생님, 이혜균 선생님, 이주화 선생님께 고마움을 전하며, 특히 운문과 교정을 통해 책의 완성도를 높여 주신 김은혜 님께 감사의 마음을 표합니다.

2013년 11월 문화당에서 필자

차 례

차   례

7장 그날을 위하여

8장 옥중 투쟁 – 역사의 진실을 외치다

9장 영혼불멸의 안중근을 남기다

國家安危勞心焦思

為國獻身軍人本分

贈安岡檢察官

庚戌三月 於旅順獄中 大韓國人 安重根 謹拜

庚戌三月 於旅順獄中 大韓國人 安重根 謹拜

見利思義見危授命

庚戌三月 於旅順獄中 大韓國人 安重根 書

一日不讀書口中生荊棘

庚戌青 於旅順獄中 大韓國人 安重根 書

내가 죽은 뒤에 나의 뼈를 하얼빈 공원 곁에 묻어두었다가
우리 국권이 회복되거든 고국으로 반장해다오.

나는 천국에 가서도 또한 마땅히 우리나라의 국권 회복을
위하여 힘쓸 것이다. 너희들은 돌아가서 동포들에게 각각
모든 나라의 책임을 지고 국민 된 의무를 다하며 마음을
같이 하고 힘을 합하여 공로를 세우고 업을 이루도록 일러라.

대한 독립의 소리가 천국에 들려오면 나는 마땅히 춤추며
만세를 부를 것이다.

1장

북두칠성을 품은 아이

해주에서 태어나 청계동으로 가다

안중근安重根은 1879년 9월 2일음력 7월 16일 황해도 해주 수양산首陽山 아래 광석동黃石洞에서 아버지 안태훈安泰勳과 어머니 배천 조씨白川趙氏의 3남 1녀 중 장남으로 태어났다. 태어난 아기의 가슴과 배에는 북두칠성 모양의 7개의 점이 있었다. 이에 북두칠

▼ 001_청계동

성의 기운이 감응感應하였다 하여 아명을 '응칠應七'이라 하였다. 안중근은 1907년 망명 이후부터 의거 때까지 이 아명을 주로 사용하게 된다.

안중근의 본관은 순흥順興이다. 그는 시조인 안자미의 30세손이자 고려조 유명한 유학자 안향安珦의 26세손으로, 10여 대 동안이나 대대로 해주에 거주한 양반의 자제였다. 조부 안인수安仁壽는 진해현감鎭海縣監을 지냈으며, 집안 재산이 풍족한 부호로 너그럽고 후덕한 성품을 지닌 덕망 높은 자선가였다. 조부는 슬하에 태진泰鎭 · 태현泰鉉 · 태훈泰勳 · 태건泰健 · 태민泰敏 · 태순泰純 등 6남과 3녀를 두었는데, 그 가운데 셋째 아들 태훈이 안중근의 부친이다.

6형제 모두 학문이 출중했는데, 특히 두각을 보인 안중근의 부친 안태훈은 성균진사成均進士가 되었다. 일찍이 개화사조를 받아들인 안태훈은 개화파 박영효朴泳孝 등이 일본에 파견하려고 했던 70여 명의 유학생 가운데 한 사람으로 선발되기도 했다.

그러나 갑신정변이 실패로 돌아가면서 안태훈, 그리고 그 일가의 삶은 새로운 전환기를 맞이하게 된다. 개화파가 일본에 파견하려고 했던 유학생들까지 탄압의 대상이 되고만 것이다. 이에 안태훈은 일가권속一家眷屬을 이끌고 이주를 계획하게 된다. 그리고 마침내 대대로 살아온 해주를 떠나 산수가 빼어난 신천군信川郡 두라면斗羅面 천봉산天峯山 아래의 벽지인 청계동淸溪洞으로 거처를 옮겼다.

태훈 일가가 청계동으로 이주하게 된 배경에는 경제적인 이유도 있었던 것으로 보인다. 1911년 청계동을 방문한 독일의 노르베르트 베버 신부Norbert Weber가 쓴 『고요한 아침의 나라』를 통해 이를 짐작해 볼 수 있다.

▲ 002_안중근 일가

　　1866년 천주교 박해가 일어날 때만 해도 이 가족은 비신자들로서 해주시에 살았으며, 거기서 가장 부유한 축에 끼었다. 그들은 모두 함께 살았다. 아버지와 어머니 그리고 여섯 형제와 그들의 아내와 아이들을 합치면 모두 36명이었다. 수확은 매년 쌀이 대략 400가마로 그것은 한국 사람으로서는 엄청난 부였다. 그 밖에 그들은 청어잡이를 했다. 그들은 매년 청어 200만 내지 600만 마리를 바다에 세운 어살로 잡았다. 그러나 청어잡이가 사양길에 접어들었다. 청어 값이 너무 떨어지게 되었다. 이 집안은 예의와 위엄을 더 이상 지킬 수 없게 되었다. 자존심이 그들을 떠나게 했다. 그들은 이주했다. 청계동으로 갔다.

— 『고요한 아침의 나라』, 「제15장 당산나무 아래에서. 청계동의 역사」

　　일제의 압력과 경제적인 문제에 따른 "자존심이 그들을 떠나게 했다." 이로써 어린 안중근도 태어나고 자란 해주를 떠나 청계동에서 새로운 삶을 시작하게 되었다.

▲ 003_안중근의 조모와 부친, 형제들

▼ 004_노르베르트 베버 신부가 쓴 『고요한 아침의 나라』 표지와 내지

의기 있는 청년으로 성장하다

안중근 가족이 이주해 살게 된 청계동과 안중근 집에 대하여 백범 김구는 『백범일지』에서 다음과 같이 기술하고 있다.

> 나는 곧 천봉산을 넘어 청계동에 다다랐다. 청계동은 사면이 험준하고 수려한 봉란으로 에워있고 동네에는 띄엄띄엄 사오십 호의 인가가 있으며, 동구 앞으로 한 줄기 개울이 흐르고 그곳 바위 위에는 '청계동천淸溪洞天'이라는 안 진사의 자필 각자刻字가 있었다.
> 문전에는 연당이 있고, 그 가운데는 작은 정자가 있는데 이것은 안 진사 육 형제가 평일에 술을 마시고 시를 읊는 곳이라고 한다. 대청 벽상에는 '의려소義旅所' 석 자를 횡액으로 써서 붙였다.

이러한 환경하에서 자란 안중근은 어릴 때부터 조부의 각별한 사랑을 받으며 성장하였다. 집 안 서당에 초빙된 스승으로부터 사서삼경 등의 유교경전과 『통감通鑑』 등을 수학하였고, 조선의 역사와 세계사 등을 두루 섭렵하였다.

▼ 005_청계동 마을 정자

▼ 006_안태훈이 새긴 청계동천 글씨_춘천문화방송 제공

안중근은 1910년 2월 7일 오전 9시 여순 관동법원 형사법정에서 개최된 제1회 공판에서 재판관 마나베 주조真鍋什長가 교육 정도를 묻자 다음과 같이 답하였다.

> 나는 해주에 있을 때와 신천으로 이사하고부터도 집에 사립학교를 설치하고 한문의 천자문과 조선 역사, 맹자와 통감 등을 공부하였다.

이를 통해 그가 집에 독선생獨先生을 모시고 한학 등을 공부하였음을 알 수 있다. 이때 특별히 초빙된 스승 중 한 사람이 화서학파 유중교柳重敎의 제자 '고능선高能善, 원명 고후조(高後凋)'이다.

백범 김구는 자신의 일생에 영향을 끼친 스승으로 두 인물을 꼽았는데, 한 사람이 안중근의 아버지 안태훈이고 또 한 사람이 고능선이었다. 고능선은 백범에게 "사람의 처세는 마땅히 의리에 근본을 두어야 한다. 그리고 일을 할 때에는 판단, 실행, 계속의 세 단계로 사업을 성취하여야 한다"고 가르쳤다고 한다. 실천의 삶을 중시한 안중근과 백범 김구의 모습이 어디서 비롯된 것인지 짐작해 볼 수 있는 대목이다. 이렇게 안중근은 덕망 높은 자산가인 조부 안인수와 백범 김구가 평생 스승으로 여긴 두 사람과 같이 생활하며 그들로부터 큰 영향을 받은 것으로 보인다.

안중근의 교육에는 종교도 영향을 미쳤다. 안중근은 천주교에 입교한 후 프랑스어를 공부하였던 것 같다. 그 근거를 몇 가지 자료에서 찾아볼 수 있다. 안중근은 1909년 12월 20일 피고인 안응칠 제8회 신문에서 다음과 같이 말하였다.

> 문: 정근의 말에 의하면 그대는 불란서어를 할 줄 안다고 말하는데 그런가?
> 답: 십 년쯤 전에 한국인을 문명하게 하기 위해 경성에 천주교대학을 일으킬 계획을

세우고 프랑스 선교사에게 의론했던바 반대의 의견이 있었으므로 성립하지 못했
다. 당시 나도 마침 불어를 배우고 있었으나 그것 때문에 그만두었다. 지금은 전
혀 잊어 버렸다.

또한 안중근은 1910년 2월 7일 오전 9시 여순 관동법원 형사법정에서 개최된
제1회 공판에서 재판관 마나베 주조의 "외국어는 공부하지 않았는가?"라는 질문
에 다음과 같이 답하였다.

나의 일가는 천주교를 신앙하므로 신천에서 천주교의 선교사 프랑스인 홍 신부로부
터 프랑스어를 수개월간 배웠으나 일본어와 러시아어 기타 외국어는 알지 못한다.

한편 안중근은 학문뿐 아니라 활쏘기와 말 타기 등도 익히며 호연지기浩然之氣를 길
렀다. 안중근은 자신의 자서전 『안응칠 역사』에서 청계동에서의 성장 과정에 대해
다음과 같이 기술하였다.

나는 어려서부터 특히 사냥을 즐겨했다. 언제나 사냥꾼을 따라다니며 산과 들에서
사냥하며 다녔다. 차츰 장성해서는 총을 메고 산에 올라 새와 짐승들을 사냥하느라 학
문에는 그다지 힘쓰지 않았다. 그래서 부모와 선생들이 나를 엄하게 꾸짖기도 했으나
끝내 복종하지 않았다.
어느 날 친한 친구 학생들이 나를 타이르며 권고했다. "너의 부친은 문장으로 세상
에 이름을 떨쳤는데, 너는 어째서 무식하고 하찮은 인간이 되려고 하나?"라고 했다.
나는 이렇게 대꾸했다.
"너희들 말도 옳다. 그러나 내 말도 좀 들어봐라. 옛날 초패왕 항우楚覇王 項羽가 말하
기를 '글은 이름이나 적을 줄 알면 그만이다'라고 했다. 그랬는데도 만고영웅 초패왕의
명예가 오히려 천추에 길이 남아 전한다. 나도 학문을 가지고 세상에 이름을 드러내고
싶지는 않다. 초패왕도 장부고 나도 장부다. 너희들은 다시 내게 학업을 권하지 말라."

▲ 008_청계동

앞의 글은 또 한 명의 영웅을 떠올리게 한다. 만주벌의 영웅 백야 김좌진이다. 김좌진은 8, 9세 무렵『통감』을 읽던 중 항우의 고사를 인용한 '서족이기성명이이書足而記姓名而已, 글은 성명을 기록하면 족하다'라는 글귀를 읽고 크게 공감하여 그 후로는 글을 배우지 않았다고 한다. 같은 글귀를 읽은 두 소년은 책 속에 파묻혀 있기보다는 항우와 같이 민족을 위해 큰 뜻을 품고 행동하는 것이 옳다고 생각했고, 훗날 그것을 직접 행동으로 보여주었다.

깊이 읽기 『안응칠 역사』

여순감옥 수감 중 안중근 의사는 자신의 32년간의 삶을 담담히 적어 내려갔다. 그는 1909년 12월 13일부터 쓰기 시작해 1910년 3월 15일 탈고한 자서전에 "안응칠 역사"라는 제목을 달았는데 그 이유는 안중근이 1907년 북간도를 거쳐 러시아 연해주로 망명해 하얼빈 의거를 벌이기까지 약 3년 동안 '중근'이란 이름 대신 자字인 '응칠'을 썼기 때문인 것으로 생각된다.

『안응칠 역사』는 안중근 의사숭모회에 의해 안중근 순국 80주년이 되던 1990년 3월 26일 한문으로 된 원문 내용과 함께 국역본으로 간행되었다. 이후 이 책은 안중근의 행적과 사상, 그리고 의거를 이해하는 원전으로 활용되고 있다. 『안응칠 역사』는 일반적 자서전이 갖는 한계를 넘어 "안중근의 진실한 자기 심정을 표백해 놓은 글이라. 저절로 고상한 문학서가 되고 또 한말의 풍운 속에서 활약한 자기 사실을 숨김없이 적어 놓은 글이라 바로 그대로 사료가 된 것"이라는 노산 이은상李殷相이 쓴 서문의 말과 같이 그 자체로 우리 역사에 중요한 사료이다.

그러나 『안응칠 역사』에는 일부 누락된 사실들이 있다. 안중근 의사가 생존 동지들의 신변을 보호하기 위해 관련 인물들에 대한 언급을 자제하거나 아예 생략한 부분이 적지 않기 때문이다. 예로 1908년 여름 국내 진공 의병 활동 대목에서는 하얼빈 의거 동지인 우덕순에 대한 언급을 피하였고, 1909년 2월 연추煙秋, 당시 노우키에프스크, 현 크라스키노 하리下里에서 행한 단지 동맹 부분에서는 그때 동맹으로 성립한 동의단지회에 대한 언급을 회피하였다.

그럼에도 『안응칠 역사』는 격동과 시련의 한국근대사에 큰 자취를 남긴 안중근의 애국적 행적과 올바른 위상을 정립하는 데 다시없는 보전寶典임에 틀림없다.

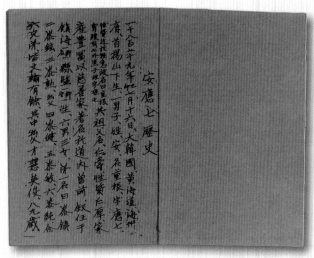

▲ 009_『안응칠 역사』

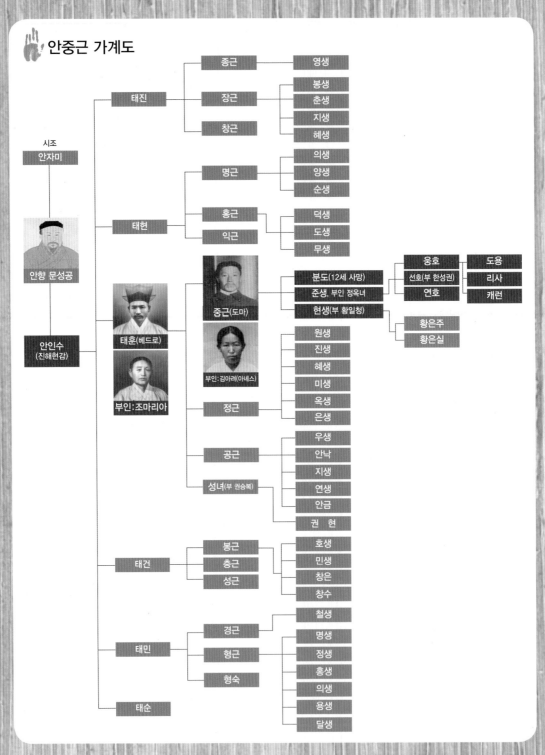

안중근 가계도

시조 안자미

안향 문성공

안인수 (진해현감)

- 태진
  - 종근 — 영생
  - 장근 — 봉생 / 춘생 / 지생 / 혜생
  - 창근
- 태현
  - 명근 — 의생 / 양생 / 순생
  - 홍근 — 덕생 / 도생 / 무생
  - 익근
- 태훈(베드로) 부인:조마리아
  - 중근(도마) 부인:김아려(아네스)
    - 분도(12세 사망)
    - 준생, 부인 정옥녀 — 웅호 / 선호(부 한성권) / 연호
      - 도용 / 리사 / 캐런
    - 현생(부 황일청) — 황은주 / 황은실
  - 정근 — 원생 / 진생 / 혜생 / 미생 / 옥생 / 은생
  - 공근 — 우생 / 안낙 / 지생 / 연생 / 안금 / 권 현
  - 성녀(부 권승복)
- 태건
  - 봉근 — 호생 / 민생 / 창은 / 창수
  - 충근
  - 성근
- 태민
  - 경근 — 철생
  - 형근 — 명생 / 정생 / 홍생 / 의생 / 용생 / 달생
  - 형숙
- 태순

▼ 010_안중근의 고향 황해도 해주 전경(수양산)

▼ 011_진고개에서 바라본 종현성당(현 명동성당)

2장

안중근과 천주교

01 새로운 세계관과 만나다

1897년 1월 11일, 안중근은 아버지 안태훈과 2명의 숙부, 2명의 사촌, 그리고 마을 주민 22명과 함께 청계동에서 세례를 받았다. 안중근은 이때 빌렘 신부로부터 '토마스Thomas'라는 세례명을 받아 우리가 잘 아는 '도마 안중근'이 되었다. 그는 1910년 2월 7일 오전 9시 여순 관동법원 형사법정에서 개최된 제1회 공판에서 재판관 마나베 주조의 "언제부터 천주교를 믿게 되었는가?"라는 질문에 다음과 같이 답변했다.

> 선교사 홍 신부가 신천에 와 있을 때인 내가 17세 때 세례를 받고 그때부터 신앙하고 있다.

이렇듯 안중근의 천주교 수용은 자의에 의한 것이 아니었다. 부친 안태훈의 천주교 수용에 따른 부수적인 결과였던 것이다. 이와 관련해 노르베르트 베버 신부는 자신의 저서에서 다음과 같이 언급하고 있다.

> 청계동에서 천주교가 다시 살아난 데에는 안씨 가정이 앞서 있었다. 특히 당시 이 집의 가장이었던 안 베드로안태훈가 그러했다. 그의 영향과 위엄이 마을 사람들 모두를 천주교로 인도했다.
>
> ― 「고요한 아침의 나라」, 「제15장 당산나무 아래에서, 청계동의 역사」

그렇다면 안중근의 부친 안태훈은 어떻게 천주교와 만나게 되었을까? 그 시작은 안태훈이 1894년 동학농민군을 물리치고 획득한 군량미 1,000포를 사용한 것이 문제가 되면서부터였다. 1895년 여름, 탁지부대신度支部大臣 어윤중魚允中과 전 선혜청당상前宣惠廳堂上 민영준閔泳駿은 군량미를 상환할 것을 요구했다. 안태훈은 의병들의 식량으로 모두 써버린 후여서 조정에 그 사정을 알리고 선처를 구하였으나 받아들여지지 않았다. 이에 안태훈은 종현성당鐘峴聖堂, 현 명동성당으로 피신하여 프랑스 선교사들에게 자신을 보호해 달라고 청하였다. 이로써 '천주교'라는 끈이 안태훈, 그리고 안중근까지 이어지게 된 것이다.

1895년 4월 프랑스, 러시아, 독일은 일본에 청일전쟁에서 획득한 요동遼東반도를 청나라에 돌려주도록 압력을 가하는 삼국간섭三國干涉을 하였다. 이에 당시 친러 내각

▼ 012_청계동의 신부와 어린 학생들

으로서는 러시아와 긴밀한 관계에 있던 프랑스를 무시할 수 없었고, 자연히 프랑스 선교사들에게 피신한 안태훈도 처벌하기 어려웠다.

프랑스 선교사들의 도움으로 군량미 문제를 해결한 안태훈은 1896년 10월 청계동으로 돌아오는데, 그의 손에는 천주교 서적이 들려있었다. 그는 청계동 주민들에게 『교리문답』과 『12단』 등 120권의 천주교 서적을 나누어주며 입교를 권유했다. 이렇게 청계동 주민들의 천주교 수용이 시작되었다. 청계동은 당시 안씨촌安氏村으로 불렸기에 주민들에게 안태훈의 천주교 입교 권유는 거부하기 어려운 요구였다.

안태훈의 천주교 수용이 순수 신앙적인 동기에서 비롯된 것이 아닌 것처럼 안중근의 천주교 수용도 그 자신의 신앙적인 열망에서 비롯된 것이 아니었다. 그러나 아버지와 함께 세례를 받은 안중근은 이후 신앙적인 성숙을 이룩해 갔다. 즉 안중근은 천주교를 아버지를 통해 접하기는 했지만, 그것을 점차 자신의 신앙으로 엮어 나갔던 것이다.

안중근은 청계동에 본당을 설립하고 정착한 선교사 빌렘Wihelm, Nicolas Joseph Mare, 한국명 홍석구(洪錫九)을 도와 선교 활동을 전개하였다. 안중근의 적극적인 선교 활동에는 5명의 숙부 중 가장 가까운 사이였던 안태건安泰健의 영향이 컸다. 안태건은 청계동의 전도회장傳敎會長으로서 교회 활동에 매우 열심이었는데, 안중근은 그를 보며 교회 활동을 점차 늘려갔다. 안중근은 해주海州·옹진甕津 등 황해도의 여러 지방을 다니면서 빌렘 신부의 복사服事, 미사 때 사제를 돕는 자로 그를 수행하였다. 그 과정에서 안중근은 한국인들에게 천주교를 전도하는 일에도 힘썼는데, 그의 자서전에서 그 구체적인 내용을 엿볼 수 있다.

▲ 013_청계동 천주교 본당 내부

　　교회의 사무를 확장하고자 나는 홍교사洪敎師와 함께 여러 고을을 다니며 사람들을 권면하고 전도하면서 군중들에게 연설하였었다.

　　"형제들이여, 내가 할 말이 있으니 꼭 내 말을 들어 주시오. 만일 어떤 사람이 혼자서만 맛있는 음식을 먹고 그것을 가족들에게 나누어 주지 않는다거나, 또 재주를 간직하고서 남을 가르쳐 주지 않는다면 그것을 과연 동포의 정리情理라 할 수 있겠소. 지금 내게 별미가 있고, 기이한 재주가 있는데 그 음식을 한 번 먹기만 하면 장생불사長生不死하는 음식이요 또 이 재주를 한 번 통하기만 하면 능히 하늘로 날아 올라갈 수 있는 것이기 때문에 그것을 가르쳐 드리려는 것이니 여러 동포들은 귀를 기울이고 들으시오."

　　　　　　　　　　　　　　　　　　　　　　　　　　　　— 『안응칠 역사』

천주교인의 눈으로 세상을 바라보다

　타의에서 자의로 천주교인이 된 안중근은 이제 '천주교'라는 안경으로 세상을 바라보게 된다. 그 안경은 안중근으로 하여금 세상을 선명하게 볼 수 있게 해주었지만, 또 한편으로는 잘못 보게도 하였다. 일정 부분 교정이 필요한 안경이었다.

　당시 한국에서 선교 중이던 프랑스 선교사들은 대다수가 하느님의 나라와 세상의 나라를 엄격히 구분하는 전통 신학을 공부한 이들이었다. 이 전통 신학은 초월주의

▼ 014_교리 강론 중인 빌렘 신부

적이고 경건주의적인 신앙에만 충실할 것을 강조했고, 교회가 현실 문제에 참여하는 것은 영성 생활을 저해하는 위험한 것으로 판단했다. 따라서 당시 한국에서 활동 중이던 프랑스 선교사들은 정교분리원칙政教分離原則을 선교 방침으로 채택해 천주교 신앙을 내세에서 구원을 얻을 수 있는 통로로만 가르치고 있었다. 안중근의 곁에 있던 빌렘 신부도 예외가 아니었다.

하지만 안중근은 전도 시 천주교를 수용하면 현세를 도덕 시대로 만들 수 있으며 태평을 누릴 수 있다고 하였다. 또한 천주교를 믿으면 문명국을 만들 수 있으니 나라를 문명국으로 만들기 위해서라도 천주교를 믿어야 한다고 강조했다. 안중근은 빌렘 신부를 도와 선교 활동을 전개하면서 빌렘 신부를 통해 천주교 신앙뿐 아니라

▼ 015_청계동 성당 앞 신도들

서양의 근대사상과 문명 지식도 배울 수 있었다. 안중근에게는 천주교를 믿는 이유가 문명인이 되기 위해서이자 나아가 한국을 문명국으로 만들기 위해서였던 것이다. 그는 천주교를 신앙하면 내세에서 만인 구원을 이룩할 수 있을 뿐 아니라, 현세에서도 평화로운 도덕사회를 실현할 수 있다고 생각했다. 당시 선교사들의 신앙적 뿌리를 생각해 볼 때, 안중근의 천주교에 대한 이러한 인식은 매우 주체적인 것이었다.

그러나 안중근은 선교 활동 중 빌렘 신부가 보인 제국주의적 태도는 바르게 인식하지 못했던 것 같다. 빌렘 신부는 한국인들을 압제하고, 항의하는 한국인들을 용납하지 않았다. 프랑스 선교사들을 문명국 출신의 문명인으로 이해하고 있던 안중근은 빌렘 신부의 그러한 태도를 교회 안에서 발생하는 불화 정도로밖에 인식하지 못하는 한계를 보였다. 그래서 그 문제를 뮈텔 주교, 나아가 교황에게 알리고자 하였다. 하지만 뮈텔 주교를 비롯해 당시 한국에서 선교 활동을 하고 있던 선교사들은 정도의 차이만 있었을 뿐 모두 한국인에게 강압적인 태도를 취하는 경향이 있었다.

1903년 2월 한국 정부는 사핵사查覈使를 파견해 안태훈과 안태건을 체포하려 했다. 그러나 빌렘 신부는 이들의 양도를 거절했다. 이 일은 해서교안海西敎案, 깊이 읽기 참조을 해결하는 중에 발생하였는데, 해서교안은 1900~1903년 사이 해서 지방에서 일어난 천주교 신자들과 민간인, 나아가 관청의 충돌로 빚어진 소송사건을 말한다. 당시 빌렘 신부의 행동은 한국 정부의 권위에 정면으로 대항하는 것이었다.

하지만 이때도 안중근은 한국 정부에 대한 빌렘 신부의 권위주의적인 태도를 인식하지 못했다. 오히려 해서교안의 발생 책임이 한국 정부와 한국인 관리들에게 있다고 생각했다. 물론 천주교 신자들에게도 어느 정도 원인이 있다고 인정했지만, 근본적인 책임은 한국 관리들의 수탈로 규정했다. 안중근은 이 사건을 매우 가까이에서 지켜봤음에도 빌렘 신부를 비롯한 프랑스 선교사들이 지닌 성격을 선명하게 보지는 못했던 것 같다.

▼ 016_어린 복사와 함께 한 빌렘 신부.

▼ 017_뮈텔 주교

03 천주교 사상 위에 꽃핀 민권의식

안중근은 처음에는 빌렘 신부를 도와 선교 활동을 전개하였다. 그러다 점차 독자적으로 활동하기 시작했다. 그 영역도 점점 넓혀 황해도 전역으로 그리고 서울까지 확대했다.

동포들을 대상으로 선교 활동을 전개하면서 안중근은 민족의 수난과 고통을 외면한 채 현실에 안주하고자 하는 제도 교회의 선교 정책에 점점 비판의식을 갖게 되었다. 그는 인간의 영혼과 육신, 현세와 내세, 그리고 개인과 사회를 총체적으로 구원하기를 바라는 신앙을 갖게 된 것이다.

이렇게 안중근의 민권의식은 천주교 사상 위에서 조금씩 자라나기 시작했다. 천주교 교리를 통해 인간이 가장 존엄하다는 것을, 그래서 모든 인간이 평등하다는 것을 깨달았다. 당시 한국 사회는 지배체제 이완과 지방 관리들의 가렴주구苛斂誅求로 인해 민중의 생존권이 크게 위협받고 있었다. 안중근은 '어떻게 하면 당당한 문명 독립국을 이룩하여 민권의 자유를 얻을 수 있을까?'를 고민하며, 수구파 정권의 가렴주구에 매우 비판적인 태도를 보였다.

적극적인 교회 활동과 견고한 신앙심 덕분에 안중근은 자신의 향리에서 민중과 천주교 신자들의 총대總代로 추대되었다. 총대가 된 안중근은 힘없는 민중의 입장을

▼ 018_청계동 본당(황해도 신천, 1898년 이후)

대변하고 그들의 권익을 보호하기 위해 많은 활동을 하였는데, 당시 일화를 몇 가지 살펴보면 다음과 같다. 안중근은 천주교회를 비방하는 금광金鑛 감리監理 주가朱哥를 혼자서 찾아가 몽둥이와 돌을 가지고 위협하는 400~500명의 금광 인부들을 상대로 사리를 들어가며 따지기도 했다. 또한 경성에 사는 전 참판 김중환金仲煥이 옹진 군민의 돈 5,000냥을 빼앗아 간 일과 해주부海州府 지방대병영地方隊兵營 위관尉官 한원교韓元校가 옹진 군민 이경주李景周의 집과 재산 그리고 아내를 강제로 빼앗은 두 가지 사실을 따지고자 상경하기도 했다.

총대로서 안중근의 행동 목표는 문명독립국 건설과 민권 자유 획득에 있었다. 개화파 집안에서 성장한 안중근은 개화파가 이룩하고자 했던 개화 문명에 깊은 관심을 가지고 있었다. 그러던 중 개화파의 실각과 함께 구석으로 몰렸던 그의 집안에 천주교가 개화 문명에 대한 또 다른 매개체로 등장한 것이다.

유교적 소양과 개화 지식을 토대로 천주교 신앙을 수용한 안중근은 총대로 활약하면서 천주교 신앙과 민권의식을 성장시켜 나갔다. 그리고 그렇게 성숙된 민권의식을 민족의식으로 발전시켜 한국을 넘어 세계 속에서도 한민족의 권리를 인식하고 찾아가기 시작했다.

만약 곤경에 처했던 안중근의 집안이 프랑스 선교사들이 관할하는 천주교회의 도움을 받지 않았다면, 민족에 대한 안중근의 의식은 깨어나지 못했을지도 모른다. 안중근의 부친 안태훈이 프랑스 선교사들에게 도움을 청했던 것은 러시아·독일·프랑스 등 서구 제국주의 세력들과 한국의 관계에 대한 인식 때문이었다. 그는 서구 열강을 한국을 침략할 수 있는 적대국으로 인식하기보다는, 그들을 통해 한국을 근대화시킬 수 있다는 소박한 믿음을 가지고 있었다. 따라서 서구 제국주의 세력을 이용해 한국의 근대화를 이룩하고자 했고, 이런 입장에서 서구 선교사들이 전하는 천주교를 받아들이고 서구 지식을 수용했던 것이다.

동학농민군을 토벌할 때만 하더라도 안중근은 동학농민군의 봉기가 상당 부분 일본과 청나라 등 외세의 침탈에서 연유했다는 인식을 하지 못했다. 그러나 한국의 근대화를 위해 서구 세력을 이용하고자 했던 부친의 선택은 그로 하여금 향리 안에만 머물러 있던 소박한 사고방식에서 탈피할 수 있게 하였다.

안중근이 외국 세력에 침탈되어 가는 한민족의 권리를 인식하고 그 권리를 수호하기 위해 직접 나서기 시작한 것은 해서교안이 한창일 때였다. 해서교안 당시 잠시 피신해 있던 안태훈이 안악읍에서 청나라 의사 서가舒哥에게 봉변을 당하는 사건이 발생하였다. 소식을 전해들은 안중근은 이창순李敞淳과 함께 서가를 찾아가 항의

▼ 019_청계동 학생들과 신도들

했는데, 서가는 오히려 칼을 빼들고 달려들었다. 안중근은 서가를 법사法司에 고발했지만, 법관은 서가가 외국인이기 때문에 재판할 수 없다고 했다. 이에 안중근은 분한 가슴을 안고 돌아올 수밖에 없었다.

그런데 며칠 후 서가가 순사들과 함께 이창순의 집으로 쳐들어왔다. 서가는 온갖 행패를 부리고 급기야는 그의 부친까지 잡아가려고 했다. 사건의 진상은 이러했다. 분이 풀리지 않았던 서가가 진남포 청국 영사에게 호소했고, 청국 영사가 청국 순사 2명과 한국 순검 2명을 파송해 안중근을 잡아오게 했는데 안중근의 집 대신 이창순의 집으로 간 것이었다.

안중근은 청국 영사가 그 사건을 서울의 청국 공사에게 보고해 한국 외부外部에 조회하리라는 것을 알고 있었다. 이에 안중근은 서둘러 외부에 전후 사실을 들어 청원하였고, 결국 진남포재판소에서 승소 판결을 얻어냈다. 안중근이 자신의 권리를 찾기 위해 이와 같이 행동할 수 있었던 것은 해서교안을 겪으면서 빌렘 신부가 한국 조정을 상대로 교안을 해결하는 방법을 곁에서 보고 배웠기 때문이었다.

이 사건은 같은 민족인 한국의 정부와 관리를 대상으로만 민권을 획득하기 위해 노력했던 안중근의 시야를 넓혀주는 계기가 되었다. 한국인의 권리를 침탈하는 대상이 비단 한국인뿐만이 아니라는 것을 깨닫게 된 것이다. 이 사건으로 안중근의 인식은 지역적으로는 향리에서 서울로 확대되었고, 권리 회복의 대상은 한국인 관리를 넘어 청나라 사람으로 확장되었다. 권리 회복의 목적은 문명국 건설에 있었고, 문명국 건설은 천주교를 통해 이룰 수 있다고 생각한 도마 안중근이었다.

1900~1903년 사이 해서 지방에서 일어난 천주교 신자들과 민간인, 나아가 관청의 충돌로 빚어진 소송사건을 말한다.

황해도 지방에는 천주교가 다른 지방보다 늦게 전파되었다. 그러나 교세는 빠르게 확장되었다. 베르뇌Berneux, S. F. 주교의 활동과 우세영禹世永 · 이득보李得甫 등의 전교와 조선과 프랑스의 수호통상조약의 체결로 신교信敎의 자유가 허용되면서 입교하는 자의 수가 급격히 증가했다.

그런데 그중에는 순수 신앙적 동기에 의해 입교한 이들도 있었지만, 그저 시류에 편승하기 위해 입교한 이들도 적지 않았다. 천주교의 교세 신장으로 토착 사회와 마찰이 생길 소지를 안고 있던 그때 빈번히 발생한 이들의 몰지각한 행동은 결국 교안사敎案事를 야기하는 촉발제가 되고 말았다.

부패한 지방 관리들의 착취, 문란한 토지제도, 천주교인들에 대한 모욕과 박해, 선교사들의 지나친 치외 법권적인 행동, 새로 대두된 개신교의 교세 확장에 따른 마찰 등 제반 요인이 더해져 이 문제는 해주 · 신천 · 재령 · 안악 · 장연 · 봉산 · 황주 등으로 확산되었다.

처음에는 천주교 신자들과 일반 민간인들 사이에 일어난 작은 분규였다. 그러나 그것이 관청과의 분규로 확대되었고, 여기에 선교사가 개입하면서 외교 문제로까지 비약되어 사회적인 문제로 발전하였다. 아이들이 만들어 굴린 작은 눈덩이가 언덕 아래로 내려오면서 걷잡을 수 없이 커져 버린 꼴이었다.

이에 정부에서는 해결책을 모색하기 위해 1903년 1월 24일 사핵사 이응익李應翼을 파견해 진상을 조사하도록 지시했다. 그러나 이응익은 보부상들을 동원해 행패를 부리고 사건을 일방적으로 처리하려 했다. 뿐만 아니라 영세불망비永世不忘碑를 건립하는 등 천주교인들을 자극해 사태를 더욱 좋지 않은 방향으로 몰고 갔다.

사태는 1904년 프랑스 공사와 외부대신 사이에 선교 조약이 체결되고 나서야 조금 진정되기 시작했다. 그리고 이후 신교 자유가 완전히 허용되자 이러한 교안사는 재발되지 않게 되었다.

— 『한국민족문화대백과』, 한국학중앙연구원 참고

▲ 020_러일전쟁 시 일본군의 여순 공격 장면

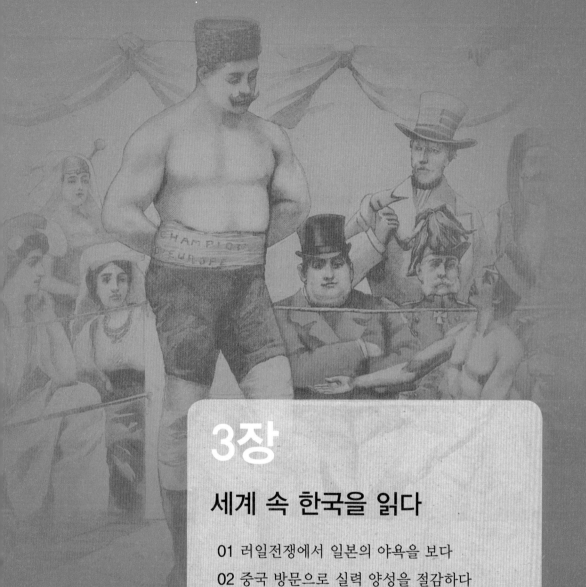

3장

세계 속 한국을 읽다

01 러일전쟁에서 일본의 야욕을 보다

안중근의 시야는 좁은 향리를 벗어나 서울로, 그리고 마침내 세계로 뻗어나갔다. 국제 관계 속에서 한국이 처한 현실을 보기 시작한 것이다. 그는 한역漢譯『만국사萬國史』와 조선의 역사서들,『대한매일신보』와『황성신문』,『제국신문』등 국내에서 발간되는 신문들을 통해 한국의 과거 · 현재 · 미래에 깊은 관심을 갖게 되었다. 또한 세계 역사서인『태서신사泰西新史』를 읽고 민족주의적인 애국사상을 품게 되었다. 이렇게 안중근은 러일전쟁 발발을 전후한 시기에 세계 속 한국을 읽는 눈을 갖게 된다.

러일전쟁 당시 대다수의 한국인들은 이를 '동양의 평화'와 '한국의 독립'을 유지하기 위한 전쟁으로 이해하고 있었다. 제1회 공판 시말서에서는 당시의 분위기를 엿볼 수 있다.

> 1905년 러시아와 일본의 개전 당시 일본 천황의 선전조칙에 의하면 동양의 평화를 유지하고 또 한국을 견고히 하겠다는 취지가 있어, 그 당시 한국인은 매우 감격하여 일본인이나 된 것처럼 러일전쟁에 임한 사람도 적지 않고, 러시아와 일본의 강화가 성립되어 일본군이 개선하게 되자, 한국인은 마치 자기 나라의 개선과 마찬가지로 기뻐하며, 이제부터 한국의 독립은 더욱 견고해진다고 생각하기에 이르렀다.
>
> — 제1회 공판시말서, 1910년 2월 7일

이렇게 많은 한국인들이 러일전쟁 개전 당시 일본 천황이 한 "동양 평화를 유지하고 또 한국을 견고히 하겠다"는 말을 굳게 믿고 있었다. 그러나 안중근은 달랐다. 그는 러일전쟁으로 인해 조국이 큰 곤경에 처할 수 있음을 내다보고 이를 우려했다.

안중근은 1910년 2월 7일 오전 9시 여순 관동법원 형사법정에서 개최된 제1회 공판에서 재판관 마나베 주조의 해외에서 의병운동과 교육운동을 전개하게 된 계기를 묻는 질문에 다음과 같이 답하였다.

외국에 나가 있는 동포들을 교육할 것을 계획하고 있었고, 또 나는 의병으로 본국을 나와 한국의 국사에 대해 분주하고 있었다. 이 생각은 수년 전부터 있었지만 절실히 그 필요를 느낀 것은 러일전쟁 당시이며, 지금부터 5년 전에 '5개조_{을사늑약}'와 3년 전에 '7개조의 조약_{정미 7조약}'이 체결되었으므로 더욱 분격하여 지금 말한 목적으로 외국에 나갔던 것이다.

▼ 021_종전 협상에 나선 러시아와 일본 측 대표들

"절실히 그 필요를 느낀 것은 러일전쟁 당시"였다는 그의 발언에서 엿볼 수 있듯 안중근은 러일전쟁 당시 일본의 제국주의적 침략 야욕을 부분적이나마 파악하고 있었다. 그가 이렇게 생각할 수 있었던 데는 신문 및 서적 등을 통해 그의 시야가 넓어진 탓도 있지만, 무엇보다 그와 교류가 많았던 프랑스 선교사들의 영향이 컸다. 그들이 제국주의 국가 출신이었던 탓에 제국주의 논리가 지배하는 당시의 움직임을 볼 수 있었기 때문이다.

일본에 대한 안중근의 의심은 점차 확신으로 굳어졌다. 을사늑약 체결 직전 서울에서 청계동의 부친에게 보낸 편지에는 점점 강화되어 가는 일제의 식민정책을 그가 분명하게 인식하고 있었음이 드러난다.

> 요즘 시국은 날로 변동하고 있습니다. 한인 관리들이 하나 둘씩 자리에서 물러나고 일인들이 주요 관직을 장악하고 재정을 마음대로 주무르면서 한인 관리들의 봉급을 깎아내리는가 하면 3～4개월 동안 지불하지 않고 있습니다. 지난달 29일에는 교원들이 월급의 감액을 시정해 달라고 일제히 청원하기도 했습니다. 이곳 7～9개 학교생도 수천 명도 일제히 교과서를 학부대신學部大臣에게 돌려보냈고 사범학교에 6～7일간 모여 연설을 하면서 통곡하기도 했습니다.
>
> — 『동아일보』, 1981년 2월 11일자

일본의 검은 야욕을 확신한 안중근은 이후 민권운동을 전개한다. 그리고 그 과정에서 그는 국민주권의식을 갖게 된다. 안중근은 을사늑약을 강제 체결당하여 나라가 위급해진 것은 한국인 한 사람 한 사람이 국민으로서의 의무를 다하지 못했기 때문이라고 지적했다.

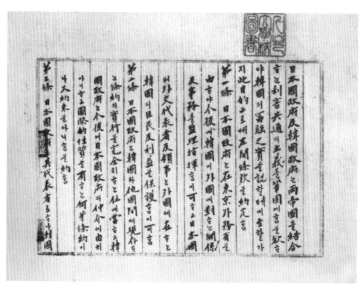

▲ 022_을사늑약 문서

▼ 023_이토와 이완용 친일내각

만일 백성이 없다면 나라가 어디 있을 것이오. 더구나 나라란 몇 명의 고관들의 나라가 아니라 당당한 2천만 민족의 나라인데, 만일 국민이 국민 된 의무를 행하지 아니하고서 어찌 민권과 자유를 얻을 수 있을 것이오. 그리고 지금은 민족의 세계인데 어째서 홀로 한국 민족만이 남의 밥이 되어서, 앉아서 멸망하기를 기다리는 것이 옳겠소.

— 『안응칠 역사』

"지금은 민족 세계"라는 발언에서 엿볼 수 있듯 안중근은 당시의 국제관계를 민족을 중심으로 이루어지는 '민족국가 시대'로 인식하였다. 따라서 한국민이 민권과 자유를 획득하려면 한국민으로서의 의무를 다해야만 가능하다고 하였다. 그리고 한국민의 의무는 2천만 한국민 모두에게 해당되는 것이며, 한국은 2천만 한국민의 나라라고 주장했다.

▼ 024_남산 기슭, 통감부 전경

02
중국 방문으로 실력 양성을 절감하다

을사늑약으로 드러난 일본의 야욕에 안중근은 격분했다. 그는 을사늑약이 러일 전쟁을 일으키면서 일본이 선언한 '한국의 독립을 견고히 한다'는 취지에 어긋날 뿐 아니라, 일본의 강압에 의해 체결됐다고 하였다. 또한 을사늑약은 한국을 문명국으로 발전시키기는커녕 망하게 하는 법이라고 주장했다.

> 일본과 러시아가 개전했을 때 일본이 전쟁을 선포하는 글 가운데 동양의 평화를 유지하고 한국의 독립을 굳건히 하겠다고 해놓고, 이제 일본이 그 같은 대의大義를 지키지 않고 야심적인 책략을 자행하고 있는데 그것은 모두 일본의 대정치가인 이등의 정략입니다. 먼저 강제로 조약을 정하고, 다음으로 유지당有志黨을 없앤 다음에 강토를 삼키려는 것이 현재 나라 망치는 새 법입니다.
>
> ― 『안응칠 역사』

그는 일제의 침략정책이 노골화되어 가는 국내에서는 더 이상 국권회복운동이 어렵다고 판단하고 국외 이주를 계획하게 된다. 국외 이주의 목적은 첫째, 상해上海와 산동 지방의 한국인들을 모아 본격적인 국권회복운동을 전개하기 위해서였다. 둘째, 당시 국제도시였던 상해의 외국인들을 통해 한국의 국권 피탈 사실과 한국민의 국권 회복 요구를 프랑스 등 여러 나라에 전달하기 위해서였다. 이를 통해 외교적 원조를 발동시키고자 한 것이다. 안중근은 외국 문명국들에 한국을 침탈한 일본의

▲ 025_상하이 황포탄

부당성을 호소하면 그들로부터 외교적 원조뿐 아니라 어쩌면 군사적 원조까지 받아

낼 수 있을 것이라 생각한 것으로 보인다.

　1905년 말 안중근은 부푼 기대를 안고 상해로 건너간다. 본격적인 이주에 앞서

몇 가지 준비를 하기 위해서였다. 그러나 상해에서 그가 마주한 상황은 그가 생각했

던 것과는 너무도 달랐다. 민영익閔泳翊을 찾아갔으나 문전박대를 당했고, 상인 서상

근徐相根에게 도움을 요청했으나 거절당했다. 서상근은 사과司果, 감리監理를 역임한 인

물로 인천의 부호였는데 이용익李容翊과 쌀장사를 하다가 충돌하여 상해로 피해 있던

인물이었다.

　민영익의 냉대와 서상근의 무관심에 안중근은 큰 충격을 받았다. 여기에 성당에

서 만난 르각 신부의 조언은 일본의 침탈을 알림으로써 외국으로부터 외교적·군사적 원조를 얻어내려 했던 그의 생각이 얼마나 비현실적인 것이었는가를 깨닫게 해주었다. 그는 국외에서의 국권회복운동이라는 환상에서 깨어날 수밖에 없었다.

르각 신부는 당시 안중근과 상당히 밀접한 관계를 맺었던 것으로 보인다. 르각 신부는 안중근의 국외 이주를 강력히 반대했다.

> "너를 위해서 한 방법을 일러줄 것이니, 만일 이치에 맞거든 그대로 하고, 그렇지 않거든 뜻대로 하여라.……가족을 외국으로 옮긴다는 것은 잘못된 계획이다. 2천만 민족이 모두 너같이 한다면 나라 안이 온통 빌 것이니 그것은 곧 원수가 원하는 바를 이루어주는 것이다. 우리 프랑스가 독일과 싸울 때에 두 지방을 비워준 것은 너도 아는 바이다. 지금까지 40년 동안에 그 땅을 회복할 기회가 두어 번이나 있었지만 그곳에 있던 유지당有志黨들이 모두 외국으로 피해 갔었기 때문에 목적을 달성하지 못하였으니 그것으로써 본보기를 삼아야 할 것이다.……열강 여러 나라들을 보면 혹시 네가 말하는 억울한 설명을 듣고 가엾다고는 할 것이다. 그러나 한국을 위하여 군사를 일으켜 성토하지는 않을 것이다.……너는 속히 한국으로 돌아가 먼저 네가 할 일을 하도록 해라. 첫째는 교육의 발달이요, 둘째는 사회의 확장이요, 셋째는 민심의 단합이요, 넷째는 실력의 양성이니……."
>
> 그 말을 다 들은 뒤에 나는 대답하되 "선생님의 말씀이 다 옳습니다. 그대로 따르겠습니다." 하고 진남포로 돌아왔다.
>
> ― 『안응칠 역사』

르각 신부는 안중근에게 국외로 이주해 일본에 직접 항거하기보다는 한국으로 돌아가 다음의 네 가지 일에 진력할 것을 조언했다. "첫째는 교육의 발달이요, 둘째는 사회의 확장이요, 셋째는 민심의 단합이요, 넷째는 실력의 양성"이다. 자신의 조국인 프랑스의 경우를 예로 들면서 설득하는 르각 신부의 말은 안중근의 마음을 흔들기에 충분했다. 결국 안중근은 상해 이주 계획을 포기하고 진남포로 돌아왔다.

그러나 안중근은 진남포로 가기 전 비통한 가슴을 안고 청계동으로 향해야 했다. 그의 아버지 안태훈이 사망했기 때문이다. 안중근이 상해로 간 사이 그의 가족은 진남포에 거처를 마련했는데 그 과정에서 안태훈이 44세의 나이로 사망하고 만 것이다. 그의 가족들은 장례를 치르기 위해 청계동으로 돌아갔고, 이에 귀국한 안중근도 청계동으로 가 상청喪廳을 차리고 그해 겨울을 그곳에서 보냈다.

부모의 임종을 지키지 못한 것은 평생 한으로 남을 만큼 큰 아픔이다. 아버지의 임종을 지키지 못한 안중근의 심정이 어떠했을지 짐작해 볼 수 있다. 아버지이자 든든한 동지를 잃은 그는 비통함을 삼키며 더욱 굳은 결의를 다졌다.

그의 자서전을 보면 그가 딱 한 번 눈물을 흘린 적이 있었다. 그를 맏아들로서만 아니라 진정 나라를 함께 생각하는 동지로서 뜨겁게 사랑하여 준 아버지 안태훈이 죽었을 때 딱 한 번 크게 통곡하였다. 그리고 아무에게도 눈물을 보이지 않았다.

— 『동아일보』, 1982년 9월 13일자

▼ 026_황해도 재령 본당 재직 시 르각 신부

▼ 027_르각 신부와 학생들 황해도 재령

03 교육운동과 국채보상운동을 전개하다

르각 신부의 영향으로 교육 전개의 필요성을 인식한 안중근은 귀국 후 교육구국운동을 전개했다. 그는 직접 사립학교를 설립하거나 기존에 있던 사립학교를 인수·운영하는 등 근대 교육 보급에 적극적으로 임했다.

안중근이 정착한 진남포는 교육·계몽 운동에 진력할 수 있는 환경을 두루 갖춘

▼ 028_진남포 전경

지역이었다. 1906년 그는 "교육을 미리 대비하여 훗날을 위한 준비를 하고, 갖가지 일에 힘을 써서 실력을 기른다면 대사라 해도 쉽게 이룩할 것"이라는 신념하에 진남포에 '삼흥학교三興學校'를 설립했다. 안중근 3형제가 삼흥학교를 설립한 사실은 『대한매일신보』의 다음의 기사에서 확인할 수 있다.

> 삼화항에 거주하는 안중근 3형제가 사립 삼흥학교를 설립하고 전후 경비를 스스로 부담한 지 여러 해가 되었는데, 그러던 중 50~60명의 생도를 수용하기 어렵게 되었다. 안씨가 학도들에게 격려하여 말하기를 "하늘이 다행히 감읍함이 있으면 장차 큰 일이 있을 것이니, 반드시 너희들이 성취할 날이 올 것이다"라고 가슴을 쓰다듬으며 울기를 자주 하더니, 재령에 거주하는 안씨의 처남 김능권 씨가 학교의 정형을 듣고 감격한 마음을 이기지 못하여 소유하고 있던 전답을 팔아서 1만 5천 량을 마련하여 39여 간 집을 마련하여 삼흥학교에 기부하니 어찌 다행이 아니겠는가.
>
> — 『대한매일신보』, 1907년 5월 31일 잡보

안중근은 삼흥학교를 설립한 데 그치지 않고 1907년 4월 '돈의학교敦義學校'를 인수하기에 이른다. 이 학교는 원래 진남포성당에서 운영하던 사립학교였다. 프랑스인 포리에Faurie, 한국명 방소동 신부가 맡아서 운영하다가 그가 떠나면서 다른 신부에게 맡겼는데, 부실하게 운영되는 등 사실상 방치된 상태였다. 그는 돈의학교를 인수해 교사校舍를 확장하는 동시에 교원과 학생을 증원시켰다. 초대 교장은 이평택李平澤이고, 제2대 교장은 자신이 맡았다. 교사는 임안당任安當 부자, 진남포 외사경찰外事警察 순검 정씨 등과 안중근의 동지들로 충원되었다.

교육 운동을 하면서 안중근은 학생들에게 국권 수호를 위한 무력투쟁의 중요성을 인식시키고자 하였다. 이에 순검 정씨를 중심으로 교련시간에 체력을 단련시키는 수업이 이루어졌다. 목총木銃, 나팔, 북 등을 활용해 사실상 군사 훈련에 버금갈 정도의 강도 높은 체력 단련이 실시됐다.

실제로 1908년 9월 15일 평안도와 황해도에 소재한 80여 개 학교의 연합운동회가 벌어졌는데 돈의학교가 1등인 우등을 차지했다. 이날의 연합운동회는 학생 3,000여 명, 학교 관계자 1,000여 명이 참여하고 1만여 명 이상의 관객이 모인 대규모 행사였다. 여기서 돈의학교가 1등을 차지할 수 있었던 데는 안중근의 교육 방침이 크게 한몫했다고 볼 수 있다.

▼ 030_삼흥학교 자리(현 남흥중학교)_춘천문화방송 제공

한편 안중근은 서상돈, 김광제, 양기탁 등이 주도한 국채보상운동國債報償運動에 참여하기도 했다. 국채보상운동은 일제가 대한제국 정부에 제공한 국채 1,300만 환을 상환하기 위해 국민들 스스로 모금 활동을 시작한 일종의 자립 경제를 지향한 민족운동이었다. 안중근은 국채보상기성회 관서지부를 조직해 국채보상운동에 적극적으로 참여했다.

당시 안중근은 가족들을 모아놓고 "국사國事는 공公이요 가사家事는 사私이다. 지부장인 우리 가정이 솔선수범率先垂範치 아니하고는 다른 사람을 지도할 수 없다"면서 이 운동의 취지를 설명하고, "가족의 지원과 참여가 있어야 국채보상운동이 성공할 수 있으며, 일제의 경제적 침략에서 벗어날 수 있다"는 점을 강조했다. 이에 모친과 부인은 물론 제수까지도 주저하지 않고 패물을 내놓았다.

이와 더불어 안중근이 설립한 삼흥학교의 교직원과 학생들도 국채보상운동에 적극 동참했다. 국채보상운동에 앞장선 안중근의 행동은 민중들을 크게 감동시켰고, 이것은 국채보상운동을 활성화시키는 기폭제가 되었다.

한편 안중근은 민족 자본을 육성하기 위해 미곡상도 운영하였다. 이러한 경험을 바탕으로 그는 한재호·송병운宋秉雲 등과 무연탄회사인 삼합의三合義,일명 삼합회를 운영하기도 했다. 하지만 일본 상인들의 방해로 끝내 실패하고 말았다.

국외 이주를 계획했다가 국내에서의 국권회복운동으로 방향을 선회하고 그에 따라 자신만의 방법으로 나라를 위해 힘쓰던 안중근은 안타깝게도 다시 국외로 눈을 돌릴 수밖에 없게 됐다. 일제의 감시가 심해져 국내에서의 국권회복운동은 물론 사회 활동마저도 자유로울 수 없는 상황에 직면했기 때문이다.

결국 그는 망명길에 올랐다. 오직 나라를 위해 낯선 땅으로 향하는 안중근이었다.

▲ 031_서상돈

▲ 032_김광제

▲ 033_양기탁

▼ 034_국채보상운동취지서

⊙國債一千三百萬圓報償趣旨
大丘廣文社長金光濟徐相
敦氏等公佈

敬啓者夫爲臣民者忠君愛國
共國以之興也以之安亦無義
則其國以之亡民以之滅非但於
古今歷史上斑斑有現今歐洲
中比所富强者與民國之固有不
由于忠義相愛而能然也歷代之
古歐洲之遠尚矣姑舍東洋之
切鄰事尤有所目睹者卽日本
是也

向與淸俄開仗以小腕大者以
有救死國於死地血肉區區若
築城死守者有殺身血肉女子則
上則有君相下則士民男女勤奮
勞指撰以資民國報償軍者五千萬圓
賽段忠義發乘非其時乎今有獨
是吾心血肉於忠義殷盛吃
欲就死民於忠義放此亦豈非
迫此民國報恩報國勢今有獨
所必至而現自國情勢相根據
三千里疆土非我國有民存亡
滅亡可手試國近世新史國亡亡民
民國以發滅埃及南波蘭
可爲鑑具知有身家今有君國
卽乃自滅自家今亦淨消息
何日本不知以時勢晋之不可
以代食毎月每二十錢式
微收榮庶庭可一千三百萬圓
設有未充則我團存亡之
先起南等國 民族乎
一般國民之此償以償務晋之
不携而成埃之方矣狀便二千
萬人衆限三個月爲此南草殷烟
我大處臣民之 食君子寬卽以
此投報國報之一念淚伏拜爲
愛國恩想者豈不諒此衷腸哉
지제以若轉國警僉誰無一人不
지獎而期於寔施上以慰
皇下是都民衆施上以慰爲
千元被國出捐者自一元十百元
設有未充則爲有自一元十百元
也

▼ 035_평양 상가

깊이 읽기 **교육자 안중근**

교육 운동에 힘쓴 안중근의 모습을 엿볼 수 있는 신문 기사의 원본들이다.

『경향신문』, 1907년 4월 1일 평안보「학교셜시」

증남포셩당 안회 학교룰 창셜ᄒ고 ᄌ녀룰 교육ᄒ매 열심내여 각 교우가 얼마식 보조ᄒ야 신학문을 ᄀᄅ치ᄂᄃ 학도가 오십여명이오 ᄯ 방판 오일환씨ᄂ 본시 셔울사ᄅ으로 증남포희관에셔 ᄉ무룰 보고 교육의 열심히 지극ᄒ야 야학교룰 셩당안회 셜시ᄒ고 ᄌ긔집에 역낭틀이 잇ᄉ며 풍우룰 불셕ᄒ고 ᄀᄅ치ᄂ 고로 영어학도가 근ᄉ십명인ᄃ 교우 안즁근씨ᄂ 학교부비룰 당ᄒ다더라.

『대한매일신보』, 1907년 5월 31일 잡보「賣土寄校」

三和港寓居 安重根 三兄弟가 私立三興學校ᄒ고 前後經費를 自擔한지 有年에 斗居中 五六十名 生徒가 難容其膝이라. 安氏가 勉勵學徒曰 天이 幸感則 將有大廈ᄒ야 必有吾徒成就之日이라 ᄒ며 撫胸痛泣을 無時不然터니 何幸安氏妻男 載寧居 金能權氏가 聞學校之情形ᄒ고 不勝感慨之心ᄒ야 所有田與沓을 一井賣ᄒ여 葉一萬五千兩으로 買得 三十餘間 互家一座하여 義附三興ᄒ얏다더라.

▶ 036_북한 남포공원 안중근기념비_춘천문화방송 제공

4장

나라를 찾아 나라 밖으로

01 북간도로 가다

1907년 국내의 상황은 더욱 악화되었다. 고종이 헤이그 만국 평화회의에 밀사를 파견한 사실이 발각되어 일제는 그 책임을 물어 고종을 폐위했고, 이토 히로부미의 주도하에 강제적으로 정미 7조약이 체결되고 군대가 해산되기에 이른다. 그해 여름 안중근은 "교육으로는 백년대계는 가능할지 몰라도 당장 망해가는 나라를 구할 수는 없다"는 절박한 심정으로 후일을 도모하기 위해 국외 망명을 결심하게 된 것이다.

1907년 바로 이 해에는 이토 히로부미가 한국에 와서 강제로 7조약을 체결하고 광무황제를 폐했으며, 대한 군대를 해산시켰다. 이때 한국에서는 2천만 국민이 일제히 분발해 곳곳에서 의병들이 벌떼처럼 일어났다. 바야흐로 삼천리강산에 포성이 크게 진동했다. 그때 나는 긴급히 행장을 꾸려 가족들과 이별하고 북간도로 향했다.

— 『안응칠 역사』

◀ 037_루이 브레 신부

1907년 8월 1일 남대문에서 한국 군대와 일본 군대가 충돌하던 날 안중근은 부산으로 향했다. 그는 부산 초량의 객주가에서 1, 2일 유숙한 뒤 기선 신호환神戸丸을 타고 원산으로 떠났다. 안중근은 원산 시장에서 5, 6일간 머무는 동안 수시로 원산 본당의 루이 브레 신부Louis, E.-A. Bret, 白類斯를 방문했다. 그는 루이 브레 신부와 만난 자리에서 시국

▲ 038_부산 초량 시가지 전경

문제에 대한 언급은 최대한 피하고 간도로 건너가겠다는 의사만 내비쳤다. 그러나 황해도의 빌렘 신부로부터 안중근이 민족운동에 투신하려 한다는 사실을 전해들은 루이 브레 신부는 안중근의 간도행에 매우 부정적이었다.

　루이 브레 신부의 우려에도 불구하고 안중근은 원산을 출발해 함북 웅기를 거쳐 북간도 용정龍井에 도착했다. 용정은 당시 만주지역 가운데 한국인들이 가장 많이 거주하던 곳이었다. 이런 이유로 일찍부터 항일운동을 전개하기 위해 이상설李相卨 등

▼ 039_원산 상점가 중정 거리

▲ 040_원산 잔교

의 민족 지도자들이 선택한 망명지이기도 했다.

간도에 도착한 안중근은 9~10월 2달간 용정·불동 등지에 머물면서 한인들의

생활상을 두루 살펴보았다. 그리고 일제의 침략상을 설파하며 동포들에게 국권회복

운동에 참여할 것을 촉구했다. 이와 동시에 한국인으로서의 정체성도 깨우치고자

했다. 국내에서처럼 우선 의병운동보다는 계몽적 민족운동에 힘쓰고자 한 것이다.

▼ 041_서전서숙

▲ 042_용정시가

이 무렵 그는 1906년 가을 서전서숙을 개설하여 민족 교육을 실시하고 있던 이상
설을 만나기 위해 용정촌을 찾아가기도 했다. 그러나 이상설은 이미 헤이그특사 활
동을 위해 블라디보스토크로 떠난 뒤였고, 서전서숙은 9월경 재정난으로 자진해서
문을 닫은 상태였다.

이에 안중근은 캐나다 장로교의 영향으로 기독교 신도가 많았던 용정을 떠나 천

▼ 043_간도 용정 본당의 전경(1911년 이후)

주교도들의 집성촌이었던 불동으로 향했다. 그는 불동의 천주교도들을 인적 자원으로 삼아 민족운동을 추진하려 했다.

▼ 044_통감부 간도파출소

그러나 안중근은 자신의 뜻을 채 펼쳐보지도 못하고 간도를 떠나게 된다. 간도에마저 일제의 감시와 탄압의 손길이 뻗쳤기 때문이다. 당시 일제는 1907년 8월 23일 간도 침략의 교두보인 통감부 임시 간도파출소를 용정에 설치해 간도 한인 사회에 대한 본격적인 감시와 탄압을 가하기 시작했다. 안중근 자신의 표현에 따르면, "그곳에도 일본군이 방금 와서 주둔하고 있어 도무지 발붙일 곳이 없었다"고 한다. 이에 간도를 떠나 다시 러시아 연해주로 건너가게 된 것이다.

▼ 045_통감부 간도파출소

02 독립을 꿈꾸며 다시 연해주로

　간도를 떠난 안중근은 함북 종성鍾城을 거쳐 경원慶原에 도착해 5,6일간 지낸 후 훈춘으로 가 그곳에서 1,2일간 체재했다. 그리고 1907년 10월 20일 러시아 연해주 남단의 연추煙秋로 들어갔다. 이후 안중근은 한인이 운영하는 주막에서 1,2일 숙박한 뒤, 포시에트항에서 러시아 기선을 타고 10월 말경 연해주 남부 항만도시인 블라디보스토크로 들어갔다.

▼ 046_블라디보스토크 중심 거리

▲ 047_포시에트 옛 모습

안중근이 블라디보스토크, 즉 해삼위海蔘威에 도착한 것은 한밤중이었다. 안중근은 친분이 있던 블라디보스토크 개척리의 이치권李致權의 집에 여장을 풀었다. 이치권은 충청도 사람으로 이주 후 10여 년간 블라디보스토크에 거주한 인물이었다.

안중근은 이후 연해주의 상황을 파악하는 데 힘썼다. 이를 위해 각계 인물들을 적극적으로 만나러 다녔다. 후일 하얼빈 의거의 동지가 되는 우덕순禹德淳을 만난 것도 이 무렵이었다. 우덕순은 해방 후 "내가 안중근 씨를 처음 만나기는 개국 4240년 1907년에 해삼위에서 만났습니다. 특별한 동기가 있는 것도 아니오 그때 애국지사들이 모이는 자리에서 우연히 만났지마는 자연히 서로 지기상통志氣相通되어 곧 친숙하여졌습니다"라고 회상하였다.

연해주 일대에 대한 파악을 마친 안중근은 각지를 돌아다니며 의병 봉기를 촉구하였다. 아울러 교육과 실업을 진흥시켜야 한다고 소리 높여 연설하였다. 그는 이 일을 "천직으로 알고 열심히 권유하였다"고 술회했다.

안중근은 블라디보스토크에 도착한 후 계동청년회에 가입하여 임시 사찰로 활동하기도 했다. 일제의 내사에 의하면, 계동청년회는 20세 이상의 한인들로 구성된 "한국에 대한 일본의 억압을 전복하는 것을 목적으로 하는 비밀결사"였다.

▼ 048_러시아정교학교의 한인 학생들(1904년)

그러다가 다시 북간도를 떠나 러시아 영토로 들어가 엔치야라는 곳을 거쳐 블라디보스토크에 도착했다. 그 항구 도시에는 한국인이 4,000~5,000명이나 살고 있었다. 그곳에는 한인학교가 몇 개 있었고, 청년회도 있었다. 당시 나는 청년회에 가담해 임시 감찰에 뽑혔다.

— 『안응칠 역사』

이 당시 일화가 하나 있다. 계동학교 강당에서 열린 청년회 임시 총회에서 '애골 최某'라는 자가 규칙을 어겨가며 질의를 하고 사담을 하였다. 이에 안중근은 그의 잘못을 지적하다가 그로부터 귀뺨을 몇 대 맞고 귓병을 얻어 고생한 일이 있었다. 그런데 이때 안중근은 화를 내기는커녕 사회가 운영되려면 여러 사람이 합심 협력할 필요가 있다고 말하며 폭행 사건을 대범하게 넘기는 도량을 발휘하였다. 이 사건은 연해주 한인 사회에 안중근이 안착하는 데 긍정적인 영향을 미쳤다.

▼ 049_구한말 계몽운동의 중심지 개척리

03 의병을 모으다
— "동포들이여! 내 말을 자세히 들어보시오!"

안중근의 러시아행의 최종 목적은 의병 세력을 결집하여 국내로 들어가 일본 세력을 물리치는 데 있었다. 안중근은 연해주 지방의 이범윤李範允 의병 세력과 힘을 합쳐 국내로 진격하여 후치령厚峙嶺에서 활동하고 있던 홍범도 부대와 강원도의 민긍호閔肯鎬 부대 등 국내외 의병 세력을 결집해 일본을 몰아내는 의병운동을 계획하고 있었다.

안중근이 거병擧兵을 위해 가장 먼저 찾아간 인물은 러일전쟁 당시 충의병忠義兵을 조직해 러시아 편에서 참전한 후 연해주로 망명해 있던 전前 간도관리사 이범윤이었다. 안중근은 당시 의병 지도자로 명성이 높았던 이범윤에게 "이제 만일 각하께서 다시 의병을 일으켜 일본을 친다고 하면 그것 또한 하늘의 뜻에 순응하는 것이라 할 수 있습니다"고 하며 거병을 촉구했다. 이에 이범윤은 "말인즉 옳다마는 재정이나 군기가 전혀 마련할 길이 없다"고 말하였다. 안중근이 "조국의 흥망이 조석에 달렸는데, 다만 팔짱끼고 앉아 기다리기만 한다면 재정과 군기가 어디 하늘에서 떨어져 내려올 것입니까. (중략) 이제 각하께서 의거를 일으키기로 결심만 하신다면, 제가 비록 재주야 없을망정 만분의 하나라도 힘이 되겠습니다"라고 하며 다시 설득했다. 하지만 이범윤은 끝내 "머뭇거리며 결단하지 못했다."

▼ 050_한말의병운동의 중심지 연추

이범윤을 움직이는 데 실패한 안중근은 크게 실망했다. 하지만 곧 마음을 추스르고 스스로 의병 세력을 결집하기로 결심한다. 안중근은 이 무렵 엄인섭嚴仁燮, 김기룡金基龍 두 사람과 의형제를 맺었다. 이후 안중근은 홀로 또는 엄인섭, 김기룡과 함께 수청水淸(蘇城, 현재의 빨치산스크 일대), 추풍秋豊, 연추 등지의 동포사회를 돌며 유세를 하였다. 거병에 필요한 자금과 의병 모집이 그 목적이었다. 이렇게 안중근은 연해주 각지를 순행하며 동포들에게 비분강개한 논조로 연설하였다.

> 동포들이여! 동포들이여! 내 말을 자세히 들어보시오……
>
> 여러분들은 조국을 잊었습니까, 그렇지 않습니까? 선조의 백골을 잊었습니까, 그렇지 않습니까? 친척과 일가들을 잊었습니까, 그렇지 않습니까? 만일 여러분들이 잊어버리지 않았다면, 이같이 위급해져 존망이 위태롭게 됐을 때 분발하고 크게 깨달아야만 합니다……
>
> 그러므로 오늘부터 의병을 일으켜 계속해서 끊이지 않고 싸워 좋은 기회를 잃지 말아야 할 것입니다. 또 스스로 강한 힘으로 국권을 회복해야만 건전한 독립이라 할 수 있을 것입니다. 이는 이른바 '스스로 할 수 없는 자는 망할 것이요, 스스로 할 수 있는 자는 흥할 것'이라는 말입니다. 이는 '하늘은 스스로 돕는 자를 돕는다'라는 말과 같은 것입니다.
>
> — 『안응칠 역사』

▲ 051_엄인섭(맨 우측)

결과는 매우 성공적이었다. 많은 청년들이 자원하여 의병으로 나섰고, 많은 동포들이 의연금과 총기를 내놓았다. 이렇게 거병할 수 있는 조건들이 하나 둘 채워져 갔다. 당시의 상황에 대해 안중근은 "각 지방을 두루 돌았는데, 듣고 보는 사람으로 많이들 복종해 왔다. 혹은 자원해서 출전도 하고, 혹은 기계 총기도 내고, 혹은 의금義金을 내고 돕기도 하므로 그것으로써 의거의 기초를 삼기에 족했었다"라고 회상했다.

한편 안중근은 한인 사회의 단결을 꾀하는 일에도 힘을 기울였다. 그 한 예가 「인심결합론」이다. 「인심결합론」은 안중근이 연해주 한인 사회의 인심 통합을 강조하기 위해 쓴 논설로 『해조신문』, 「긔서」, 1908년 3월 21일자에 실렸다.

당시 연해주 한인 사회는 생계를 위해 두만강을 넘어 정착한 뒤 러시아에 편입된 사람들과 민족운동을 위해 건너온 이주민 간 갈등이 심했다. 또한 민족운동가들 간에도 지역감정, 군권주의자와 민권주의자 간의 정체관政體觀 차이, 계몽운동자완진론자와 의병운동자급진론자 간의 운동 방략 차이 등에 따라 복잡하게 대립하고 있었다.

이런 상황에서 안중근은 연해주 한인 사회에 국권 회복의 선결 과제로 '인심 단합'이 무엇보다도 필요하다는 점을 「인심결합론」을 통해 역설함으로써 한민족의 독립운동에 필요한 정신적 통합을 이루고자 했다.

▼ 052_수청 니콜라예프카

깊이 읽기 **인심결합론**人心結合論

『해조신문』,「긔셔_{奇書}」, 1908년 3월 21일자에 '안응칠'이란 이름으로 실린 안중근의 글이다.

귀보貴報 논설에 인심이 단합하여야 국권을 흥복興復하겠다는 구절을 읽고 격정한 사연과 고상한 의미에 깊이 감복하여 천견박식으로 한 줄 글을 부치나이다.

대저 사람이 천지만물 중에 가장 귀한 것은 다름 아니라 삼강오륜을 아는 까닭이다. 그런고로 사람이 세상에 처함에 제일 먼저 행할 것은 자기가 자기를 단합하는 것이오, 둘째는 자기 집을 단합하는 것이오, 셋째는 자기 국가를 단합하는 것이니, 그러한즉 사람마다 마음과 육신이 연합하여야 능히 생활할 것이오. 집으로 말하면 부모처자가 화합하여야 능히 유지할 것이오. 국가는 국민 상하가 상합하여야 마땅히 보전할지라.

슬프다. 우리나라가 오늘날 이 참혹한 지경에 이른 것은 다름이 아니라 불합병不合病이 깊이 든 연고로다. 불합병의 근원은 교오병驕傲病이니 교만은 만악萬惡의 뿌리라.

설혹 도적놈도 몇이 합심하여야 타인의 재산을 탈취하고, 잡기꾼도 동류가 있어야 남의 돈을 빼앗나니, 소위 교만한 사람은 그러지 못하여 자기보다 나은 자를 시기하고 약한 자를 능모하고 같으면 다투나니 어찌 합할 수 있으리오. 그러나 교오병에 약은 겸손이니 만일 개개인이 다 겸손을 주장하며 항상 자기를 낮추고 타인을 존경하며 책망함을 찾아 받고 잘못한 이를 용서하고 자기의 공을 타인에게 돌리면 금수가 아니거든 어찌 서로 감화치 않으리오.

옛날에 어떤 국왕이 죽을 때에 그 자손을 불러 모으고, 회초리 나무 한 묶음을 나누어 주며 각각 한 개씩 꺾게 하니 하나하나가 잘 부러지는지라. 다시 분부하여 합하여 묶어 놓고 꺾으려고 하니 아무도 능히 꺾지 못하는지라. 왕이 말하기를 저것을 보아라. 너희가 만일 나 죽은 후에 형제간 산심散心되면 남에게 용이하게 꺾일 것이오. 합심하면 어찌 꺾이는 바가 되리오 하였다 하니, 어찌 우리 동포는 이 말을 깊이 생각하지 않으리오.

오늘날 우리 동포가 불합한 탓으로 삼천리강산을 왜놈에게 빼앗기고 이 지경이 되었도다. 오히려 무엇이 부족하며 어떤 동포는 무슨 심정으로 내정을 정탐하여 왜적에게 주며 충의한 동포의 머리를 베어 왜적에게 바치는가. 통재痛哉라 통재라. 분함이 철천徹天하여 공중에 솟아 고국산천 바라보니 애매한 동포의 죽는 것과 무죄한 조선의 백골 파는 소리 참아 듣고 볼 수 없네.

여보, 강동 계신 우리 동포, 잠을 깨고 정신 차려 본국 소식 들어보오. 당신의 일가, 친척 대한 땅에 다 계시고 당신의 조상 백골 본국 강산에 아니 있소. 나무뿌리 끊어지면 가지를 잃게 되며 조상 친척 욕을 보니 이내 몸이 영화될가 비나이다.

여보시오, 우리 동포. 지금 이후 시작하여 불합不合 두 자 파괴하고 단합團合 두 자 급성急成하여 유치자질幼稚子姪 교육하고 노인들은 뒷배 보며 청년 형제 결사하여 우리 국권 어서 빨리 회복하고 태극 국기를 높이 단 후 처자 권속 거느리고 독립관에 재회하여 대한제국 만만세를 육대부주 흔동하게 일심단체 불러보세.

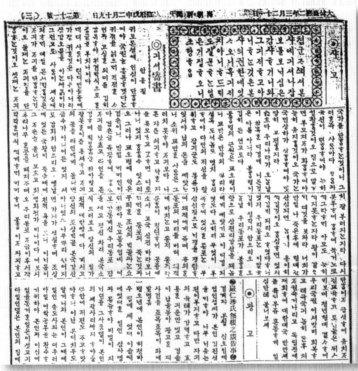

▲ 053_『해조신문』, 「긔셔」

안중근이 동포들에게 한 연설

동포들이여! 동포들이여! 내 말을 자세히 들어보시오.

한국을 침략해 5조약과 7조약을 강제로 맺은 다음, 정권을 손아귀에 넣고 저지른 만행을 보십시오. 황제를 폐위시키고, 군대를 해산하고 철도 · 광산 · 산림 · 하천 · 늪을 모조리 빼앗았습니다. 관청으로 쓰던 집과 민간의 큰 집들은 병참이라는 핑계로 모조리 빼앗아 일본인들이 살고 있습니다.

그들은 기름진 전답과 심지어는 옛 분묘들에도 군용지라는 푯말을 꽂고 무덤을 파헤쳤습니다. 그들의 재앙이 우리의 백골에까지 이르렀으니, 국민 된 사람으로 또한 자손 된 사람으로 어느 누가 분함을 참고 욕됨을 견딜 수 있겠습니까?

그래서 2천만 민족이 일제히 분발해 삼천리강산에 의병들이 곳곳에서 일어났습니다. 그런데 애통하게도 저 강도 같은 일본은 도리어 우리를 폭도라고 부르며, 군사를 풀어 토벌하고 있습니다. 이렇게 일본의 참혹한 살육이 자행돼 두 해 동안에 해를 입은 한국인이 수십만 명에 이르렀습니다.

남의 강토를 빼앗고 사람들을 죽이는 자가 폭도입니까? 제 나라를 지키고 외적을 막는 사람이 폭도입니까? 이야말로 적반하장이 아닙니까? 한국에 대한 정략이 이같이 포악해진 근본을 논하자면, 그것은 이른바 일본의 대정치가라는 늙은 도둑 이토 히로부미의 폭행에 기인하는 것입니다.

이토는 마치 한민족 2천만이 일본의 보호를 받고자 원하고 있는 것처럼 꾸며대면서 지금 우리가 태평무사하며 평화롭게 날마다 발전하는 것처럼 날조하고 있습니다. 그는 위로는 천황을 속이고, 밖으로는 열강들의 눈과 귀를 가려서 자기 멋대로 농간을 부리며 못하는 짓이 없습니다. 이 어찌 통분할 일이 아닙니까?

우리 한민족이 만일 이 도둑놈의 목을 베지 않는다면 한국은 필히 없어지고야 말 것이며, 동양도 앞으로 망하고야 말 것입니다.

여러분! 여러분! 깊이 생각해 보십시오.

여러분들은 조국을 잊었습니까, 그렇지 않습니까? 선조의 백골을 잊었습니까, 그렇지 않습니까? 친척과 일가들을 잊었습니까, 그렇지 않습니까? 만일 여러분들이 잊어 버리지 않았다면, 이같이 위급해져 존망이 위태롭게 됐을 때 분발하고 크게 깨달아야 만 합니다.

뿌리 없는 나무가 어찌 살 것이며, 나라 없는 백성이 어디에서 편히 살 것입니까?

(중략)

오늘, 국내외를 막론하고 한국인들은 남녀노소 할 것 없이 총을 메고 칼을 차고 일 제히 의거를 일으켜야 할 것입니다. 그리하여 이기고 지고, 잘 싸우고 못 싸우고를 돌 아보지 말고 통쾌하게 한바탕의 전투를 벌여 천하 후세에 부끄러운 웃음거리가 되지 않도록 해야 할 것입니다.

만일 이같이 힘든 전투를 할 경우, 세계 열강의 여론도 없지 않을 것이므로 독립할 희망도 있을 것입니다. 더구나 일본은 불과 5년 이내에 반드시 러시아 · 청국 · 미국 등 3국과 더불어 전쟁을 시작하게 될 것이니, 그때는 한국에게 좋은 기회가 될 것입니다. 그때 만일 한국인이 아무런 준비도 하지 않았다면, 설사 일본이 진다 해도 한국은 다시 다른 도둑의 손아귀로 들어가게 될 것입니다.

그러므로 오늘부터 의병을 일으켜 계속해서 끊이지 않고 싸워 좋은 기회를 잃지 말 아야 할 것입니다. 또 스스로 강한 힘으로 국권을 회복해야만 건전한 독립이라 할 수 있을 것입니다. 이는 이른바 '스스로 할 수 없는 자는 망할 것이요, 스스로 할 수 있는 자는 흥할 것'이라는 말입니다. 이는 '하늘은 스스로 돕는 자를 돕는다'라는 말과 같은 것입니다.

자, 여러분에게 묻겠습니다. 앉아서 죽기를 기다리는 것이 옳습니까? 분발해 힘을 내는 것이 옳습니까? 개개인이 모두가 결심하고 각성하며 깊이 생각해 용기 있게 전진 하시기를 간절히 빕니다.

— 『안응칠 역사』

5장

동의회, 그리고 국내 진공작전

01 동의회의 탄생

    1908년 3월 연해주 지역의 의병운동은 최재형崔才亨에 의해 주도적으로 전개되고 있었다. 아울러 상트페테르부르크Saint Petersburg에 있는 전 주러 한국 공사 이범진이 그의 아들 이위종을 연추로 보내 군자금 10,000환을 기부하고 최재형, 이범윤 등과 함께 동의회同義會를 조직하고자 하였다. 안중근은 이렇게 연추에서 조직되고 있던 동의회의 발기회에 참여하게 된다.

    동의회의 발기인은 지역적으로 크게 연추, 수청, 그리고 이위종으로 대표되는 상트페테르부르크로 나눌 수 있다. 연추 세력은 안중근을 비롯하여 최재형, 이범윤, 지운경, 장봉한, 전제익, 전제악, 이승훈, 이군포, 엄인섭, 백규삼, 강의관, 김기룡 등이다. 다음으로 수청 세력은 조순서, 장봉금, 백준성, 김치여 등이다. 그리고 상

▲ 054_최재형

▲ 055_동의회의 후원자
이범진

▲ 056_이위종

트페테르부르크 세력으로는 이위종과 그의 부친 이범진 등을 들 수 있다. 결과적으로 동의회는 상트페테르부르크 세력의 후원하에 연추 지역을 중심으로 수청 지역의 인물들이 가담해 조직된 것이라 할 수 있다.

안중근 등 동의회 발기인들은 1908년 4월 연추 얀치혜 최재형의 집에서 회의를 열고, 동의회를 조직할 것을 결의하였다. 이어서 그들은 수백 명이 참석한 가운데 총회를 개최하고 총장, 부총장, 회장, 부회장, 기타 임원의 선거를 시행하였다. 그 대강의 내역은 다음과 같다.

▼ 057_연추 일대

총장	최재형崔才亨
부총장	이범윤李範允
회장	이위종李瑋鍾
부회장	엄인섭嚴仁燮
서기	백규삼白圭三
평의원	안중근 · 이경화李京化 · 김기룡金基龍 · 강창평姜昌平 · 최천오崔天五
	함동철咸東哲 · 정순만鄭淳萬 · 전명운田明雲 · 이홍기李鴻基 · 김용환金龍煥
	한경현韓景鉉 등 총 20~30여 명

1908년 5월 동의회는 조직을 널리 알리기 위해 블라디보스토크에서 간행되던 한글 민족지『해조신문』에 그 취지서를 게재하였다.「동의회 취지서」에서 안중근 등은 당시 조선의 상황에 대해 위로는 국권이 소멸되고 아래로는 민권이 억압되고 있다고 통탄한 뒤 민족 정신의 함양, 지식을 통한 실력 양성, 단체 조직을 강조하였다. 그리고 "우리는 한 단체를 조직하고 동의회라 이름을 발기"한다고 명시하였다.

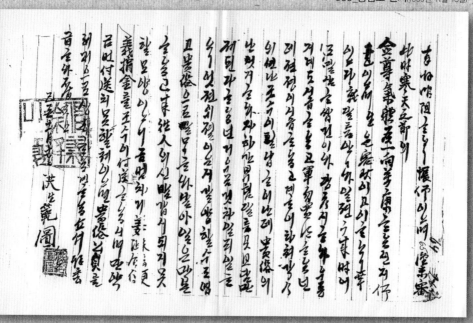

▲ 058_이범윤 통문(1908년 8월 20일)

▼ 059_홍범도 편지(1909년 11월 13일)

▲ 060_동의회 근거지인 연추 지역 한인들의 삶의 흔적_연자방아

▶ 061_동의회 근거지인 연추 지역 한인들의
삶의 흔적_기와

02 국내 진공 작전의 일선에 서다

연해주 의병은 두 가지 계통으로 편성되어 있었다. 최재형을 정점으로 한 동의군

同義軍, 동의회 의병과 이범윤 세력이 주축이 되어 편성한 창의군倡義軍, 창의회 의병이 그것

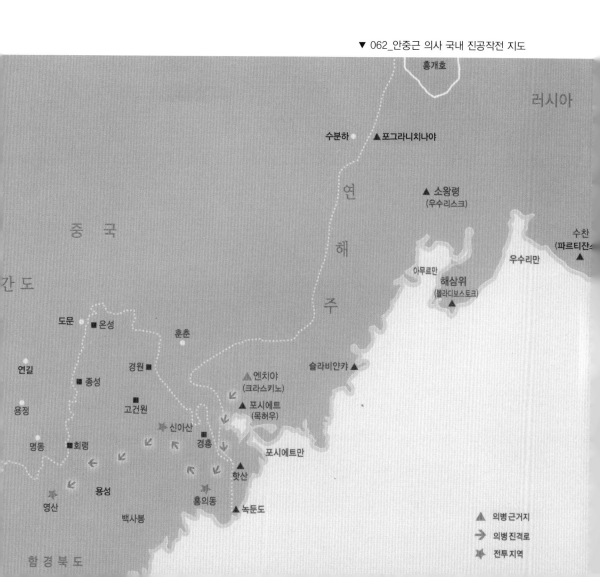

이다. 안중근은 동의군을 이끈 핵심 인물 가운데 한 사람이었다. 우영장右營將에 선임되었던 그는 좌영장左營將 엄인섭과 함께 길주·성진 경무관 출신의 최고 지휘관 도영장都營將 전제익全濟益의 휘하에 편제되어 있었다.

안중근은 연해주 의병이 1908년 7~8월 대규모 국내 진공 작전을 결행할 때 동의군의 우영장으로 한 부대를 거느리고 참전하였다. 이때 안중근이 거느린 의병의 규모는 200명가량으로 추정된다. 안중근이 참여한 주요 국내 진공 작전을 살펴보면 다음과 같다.

1) 홍의동전투洪儀洞戰鬪와 신아산전투新阿山戰鬪

1908년 7월 7일 안중근이 거느린 의병 부대는 두만강 대안의 경흥군 홍의동에서 항일전을 개시하였다. 홍의동은 경흥읍에서 남동쪽으로 10여 km 떨어진 두만강 인근 마을이었다. 안중근 부대는 경흥에서 출동한 일본군과 첫 전투를 벌여 일본군 척후보병 상등병 이하 4명을 사살하는 전과를 올렸다.

8일 경흥 경찰분서에서 분서장 이하 순사 7명이 의병 출현 소식을 듣고 경흥읍 남쪽 두만강 대안의 고읍동古邑洞으로 급거 출동하였다는 기록이 있는 것으로 보아 안중근 부대는 첫 전투 후 고읍동을 경유해 북상한 것으로 추정된다.

9일 두만강을 따라 북상하던 안중근 부대는 경흥읍 아래 신아산까지 진출했다. 그리고 10일 새벽 그들은 그곳 헌병분견대를 습격했다. 이때 안중근 부대는 엄인섭 부대와 합류하였던 것으로 보인다. 이 기습으로 일본군 1명이 전사하고 하사 이하 5명이 행방불명되었으며 나머지는 경흥 방면으로 도주하였다.

이때 행방불명으로 보고된 일본군들은 포로로 잡혔다가 안중근에 의해 인도적 차원에서 석방되었다. 안중근은 일본군 포로 석방 당시 이에 완강히 반대하던 동료들을 설득하던 상황을 다음과 같이 기록하였다.

> 장교들이 불평하며 내게 말하기를 "어째서 사로잡은 적들을 놓아주는 것이오" 하므로 나는 대답하되, "현재 만국공법에 사로잡은 적병을 죽이는 법은 전혀 없다. 어디다가 가두어 두었다가 뒷날 배상을 받고 돌려보내 주는 것이다. 더구나 그들이 말하는 것이 진정에서 나오는 의로운 말이라, 안 놓아주고 어쩌겠는가" 하였더니 여러 사람들이 말하되, "저 적들은 우리 의병들을 사로잡으면 남김없이 참혹하게도 죽이는 것이요, 또 우리들도 적을 죽일 목적으로 이곳에 와서 풍찬노숙해 가면서 그렇게 애써서 사로잡은 놈들을 몽땅 놓아 보낸다면 우리들이 무엇을 목적하는 것이오" 하므로 나는 대답하되, "그렇지 않다. 그렇지 않다. 적들이 그같이 폭행하는 것은 하나님과 사람들이 다 함께 노하는 것인데, 이제 우리들마저 야만의 행동을 하고자 하는가. 또 일본의 4천만 인구를 모두 다 죽인 뒤에 국권을 도로 회복하려는 계획인가. 저쪽을 알고 나를 알면 백 번 싸워 백 번 이기는 것이다. 이제 우리는 약하고 저들은 강하니, 악전할 수는 없다. 뿐만 아니라 충성된 행동과 의로운 거사로써 이등의 포악한 정략을 성토하여 세계에 널리 알려서 열강의 동정을 얻은 다음에라야 한을 풀고 국권을 회복할 수 있을 것이니, 그것이 이른바 약한 것으로 강한 것을 물리치고 어진 것으로써 악한 것을 대적한다는 그것이다. 그대들은 부디 많은 말들을 하지 말라" 하고 간곡하게 타일렀다.
>
> ― 『안응칠 역사』

안중근은 만국공법에 의거해 인류 정의와 도덕적 견지에서 동료들의 반발을 무릅쓰고 일본군 포로들을 석방하였다. 그러나 안타깝게도 일부는 안중근의 이러한 행동을 끝내 이해하지 못했다. 이 사건으로 불만을 품은 의병들이 대오에서 다수 이탈하였고, 엄인섭 부대는 의견 충돌로 인해 연해주로 귀환하고 말았다.

▼ 063_러시아 하산(러시아 지역 항일의병의 국내 진공 지점)

안중근이 수행한 홍의동전투와 신아산전투는 연해주 의병이 국내 진공 작전을 전개하면서 거둔 대표적 승전에 해당된다. 이 두 전투의 승리는 연해주 의병이 국내로 진공해 온 초기, 곧 의병의 전투력이 비교적 강력하고 사기가 고조되어 있던 시기에 벌인 전투인 탓도 있지만 일본군에 대한 선제공격이 주효했던 것으로 보인다.

2) 회령會寧 영산전투靈山戰鬪

연해주 의병은 이후 내륙지방으로 행군하여 7월 18일 회령 남방 약 2km 지점까지 진격하였다. 회령까지 진출한 것으로 확인되는 부대는 동의군 계열의 전제익·안중근 부대, 창의군 계열의 김영선金榮璿·강봉익姜奉翼·우덕순 부대 등이다. 일제 측 기록에는 의병 수가 약 200명으로 나오지만, 러시아 측 자료에는 약 400명으로 기록돼 있다. 여러 정황으로 미루어볼 때 400명 정도 규모였던 것으로 추정된다.

안중근 부대를 비롯한 연해주 의병은 회령군 영산에서 일본군과 전투를 벌였다.

▼ 064_회령 전경

그러나 안타깝게도 그들은 일본군에 참패하고 만다. 이후 연해주 의병은 사방으로 분산되어 일부는 연해주로 귀환하고, 나머지는 무산 방면으로 남하하였다. 영산전투는 연해주 의병이 수행한 마지막 전투로 기록되었다.

영산전투에 대해 안중근은 다음과 같이 회상하였다.

> 일본 병정들이 습격하므로 충돌하기 4, 5시간 동안 날은 저물고 폭우가 쏟아져서 지척을 분간키 어려웠다. 장졸들이 이리 저리 분산하여 얼마나 죽고 살았는지조차 진단하기가 어려웠으나 형세가 어쩔 길이 없어 수십 명과 함께 숲 속에서 밤을 지냈다. 그이튿날 6, 70명이 서로 만나 그동안의 사연을 물었더니 각각 대를 나누어 흩어져 갔다는 것이었다.
>
> — 『안응칠 역사』

'영산전투'라고 명시되지는 않았지만 전투 당일 비가 내렸다는 점, 어두워질 때까지 전투가 계속되었다는 점 등으로 미루어볼 때 영산전투에 대한 이야기임을 알 수 있다. 이를 통해 영산전투 당시 매우 고단했던 의병 측의 형세와 전황을 짐작해 볼 수 있다.

이후 안중근은 연추로 귀환하였다. 우덕순은 영산전투 직후 의병들이 사방으로 흩어졌을 때 우연히 안중근을 만나게 된 상황을 다음과 같이 기록하였다.

> 다음에 산 위에 올라가 우리 참모 강봉익 씨를 만나 의론하여 보았으나 어찌할 도리가 없었습니다. 얼마쯤 가다가 보니 집 한 채가 있는데 들어가 보니 뜻밖에 거기는 안중근, 갈화춘葛化春, 김영선 등 우리 편 사람들이 먼저 와서 있더군요.
>
> — 「우덕순 선생의 회고담」

우덕순은 영산전투 직후 현장을 탈출하는 과정에서 안중근·갈화춘·김영선을 만나게 된 것이다. 얼마 후 우덕순은 일본군에 체포돼 함흥으로 이감되었으나, 극적으로 탈출에 성공하여 이듬해 봄 블라디보스토크로 귀환하였다.

안중근이 언제 연추로 귀환했는지는 정확히 알 수 없다. 다만 자서전에서 안중근이 한 달 반 동안 국내에 체류해 있었다고 밝힌 점, 국내로 진공했던 연해주 의병의 일부가 종성간도로 8월 하순 퇴각하였던 점 등으로 미루어 볼 때, 1908년 8월 말 혹은 9월 초 정도로 짐작된다.

안중근은 그동안 겪었던 심신의 고통과 고단한 형세에 대해 다음과 같이 생생하게 기술하였다.

> (영산전투 후 탈출한 뒤 찾았던 민가의) 노인에게 감사하고 작별한 뒤에 그의 지시대로 하여 몇 날 뒤에 세 사람이 모두 무사히 (두만)강을 건넜다. 그제사 겨우 마음을 놓고, 한 마을 집에 이르러 몇 날 동안 편안히 쉰 다음에 비로소 옷을 벗어보니 거의 다 썩어서 몸을 가릴 수가 없고 이가 득실거려 셀 수조차 없었다. 출전한 뒤로 전후 날짜를 헤아려 보니 무릇 한 달 반인데, 집 안에서 자 본 일이 없이 언제나 노영露營으로 밤을 지냈고, 장맛비가 그침 없이 퍼부어 그동안의 백 가지 고초는 붓 한 자루로는 적을 수가 없다. 나는 노령 연추 방면에 이르렀다. 친구들이 서로 만나서도 알아보지 못하였다. 피골상접하여 전혀 옛적 모습이 없었기 때문이었다. 천 번 만 번 생각해 보아도, 만일 천명이 아니었더라면 전혀 살아 돌아올 길이 없는 일이었다.
>
> — 「안응칠 역사」

안중근은 자신이 생환할 수 있었던 것은 '천명天命' 때문이었다고 회고하였다. 안중근은 연추에 귀환했을 때 친구들이 알아보지 못할 만큼 피골이 상접해 있었다. 국내진공 한 달 반 동안 얼마나 고된 시간을 보냈을지 짐작할 수 있는 대목이다.

영산전투 참패 후 안중근은 "옛날 미국 독립의 주인공인 워싱턴이 7, 8년 동안 풍진 속에서 그 많은 곤란과 고초를 어찌 능히 참고 견디었던고. 참으로 만고에 둘도 없는 영걸이로다. 내가 만일 뒷날에 일을 성취하면 반드시 미국으로 가서, 특히 워싱턴을 위해서 추상하고 숭배하고 기념하며 뜻을 같이 하리라"라고 술회하였다. 모진 고통을 이겨내고 미국 독립의 영웅이 된 워싱턴을 뼈저리게 경모하였던 것은 당시 겪었던 고통이 그만큼 컸기 때문이리라.

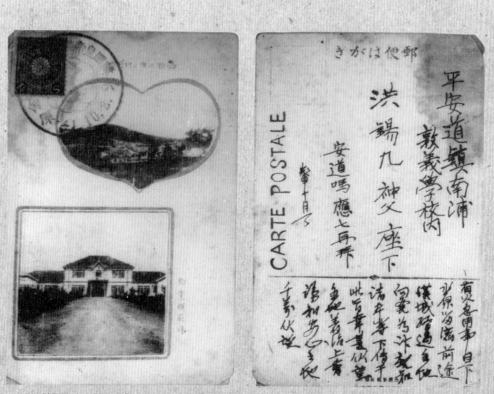

▲ 065_안중근이 수원에서 홍석구 신부에게 보낸 엽서(1908년 10월 1일)

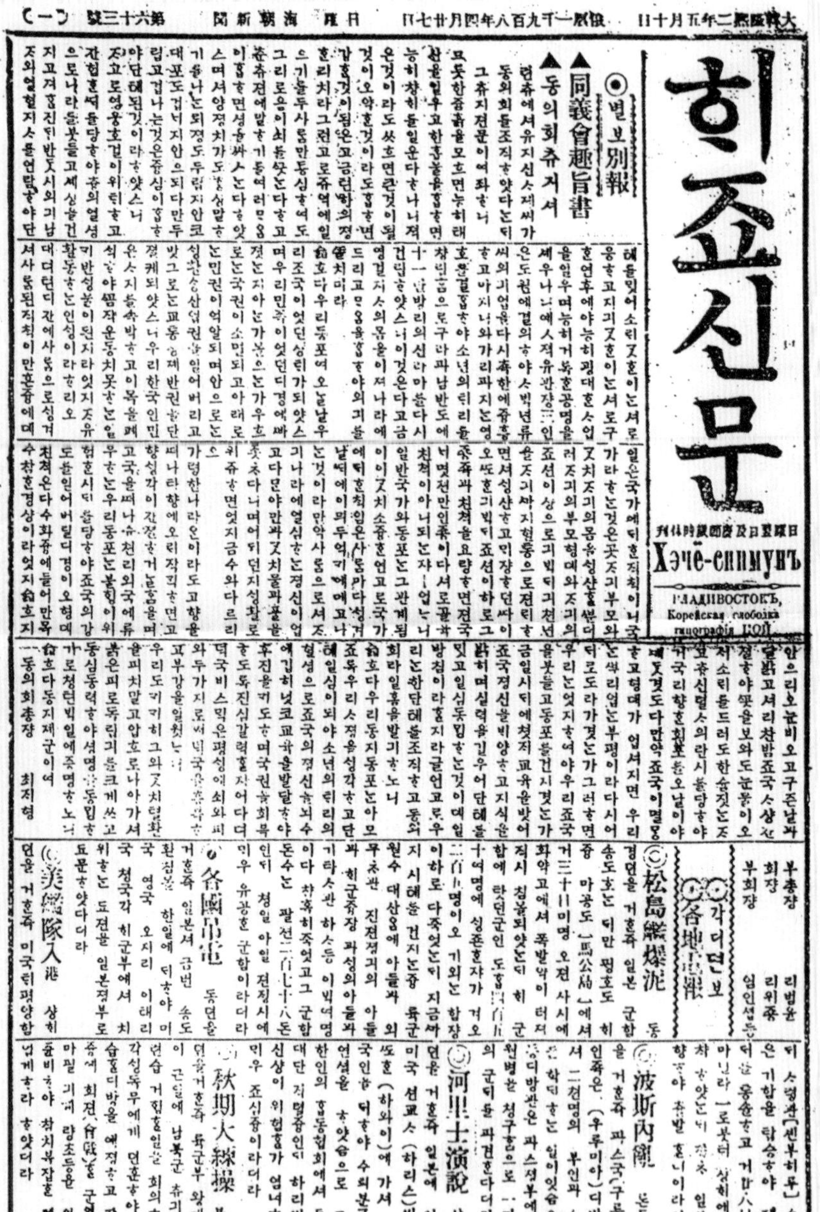

히죠신문

Хэчё-синмунъ

ГЛАДИВОСТОКЪ,
Корейская газета

◉별보 別報
◆同義會趣旨書
◆동의회 취지서

『해조신문』, 1908년 5월 10일자에 실린 동의회 취지서다.

　　연추에서 유지신사 제씨가 동의회를 조직하였다는데 그 취지 전문이 여좌하니.

　　무릇 한 줌 흙을 모으면 능히 태산을 이루고, 한 홉 물을 합하면 능히 창해를 이룬다 하나니 적은 것이라도 쌓으면 큰 것이 될 것이오, 약한 것이라도 합하면 강한 것이 됨은 고금천하의 정한 이치라. 그런고로 『주역』에 이르기를 두 사람만 동심하여도 그 이로움날카로움이 쇠를 끊는다 하고 『춘추전』에 말하기를 여러 마음이 합하면 성을 쌓는다 하였으며, 서양 정치가도 항상 말하기를 나는 뇌정도 두렵지 않고 대포도 겁나지 않으되 다만 두렵고 겁나는 것은 중심이 합하여 단체된 것이라 하였으니 자고로 영웅호걸이 위태하고 간험한 때를 당하여 충의 열성으로 나라를 붙들고 세상을 건지고저 할진대 반드시 의기남자義氣男子와 열열지사를 연람하여 단체를 빚어 소리 같은 이는 서로 응하고, 지기 같은 이는 서로 구한 연후에야 능히 굉대한 사업을 이루며 능히 거룩한 공명을 세우나니 옛적에 유·관·장 3인은 도원에 결의하여 400년 유씨의 기업을 다시 촉한에 중흥하고, 아지니마치니와 가리파지가리발디는 영호를 결합하여 소년 이태리를 창립함으로 구라파 남반도에 십일만 방리의 신라마로마를 다시 건립하였으니, 이것은 다 고금 영걸지사의 몸을 잊어 나라에 드리고 마음을 합하여 의기를 떨침이라.

　　슬프다. 우리 동포여, 오늘날 우리 조국이 어떤 상태가 되었으며, 우리 민족이 어떤 지경에 빠졌는지, 아는가 모르는가. 위로는 국권이 소멸되고, 아래로는 민권이 억압되며, 안으로는 생활상 산업권을 잃어버리고, 밖으로는 교통상 제반권을 단절케 되었으니 우리 한국 인민은 사지를 속박하고 이목을 폐색하여 꼼짝 운동치 못하는 일개 반생물이 된지라. 어찌 자유 활동하는 인생이라 하리오.

　　대저 천지간에 사람으로 생겨서 사람 된 직책이 많은 중에 제일은 국가에 대한 직책이니 국가라 하는 것은 곧 자기 부모와 같이 자기의 몸을 생산할 뿐더러 자기의 부모형제와 자기의 조선 이상으로 기백대 기천년을 자기까지 혈통으로 전래하면서 생산하고 매장하던 땅이오, 또한 기백대 조선 이하로 그 종족과 친척을 요량하면 전국 내 몇천만 인종이 다 서로 골육친척이 아니 되는 자가 없으니 일반 국가와 동포는 그 관계

됨이 이같이 소중한 연고로 국가에 대한 책임은 사람마다 생겨날 때에 이미 두 어깨에 메고 나는 것이라, 만약 사람으로서 자기 나라에 열심하는 정신이 없고 다만 야만과 같이 물과 풍을 쫓아다니며, 어디든지 생활로 위주하면 어찌 금수와 다르리오.

가령 한 나라 안이라도 고향을 떠나 오래 타향에 작객하면 고향 생각이 간절하거늘 하물며 고국을 떠나 수천 리 외국에 유우流寓하는 우리 동포는 불행히 위험한 시대를 당하여 조국의 강토를 잃어버릴 지경이오. 형제 친척은 다수 화중에 들어 만목수참滿目愁慘한 경상이라. 어찌 슬프지 않으리오. 눈비 오고 궂은날과 달 밝고 서리 찬 밤 조국 생각 간절하여 꽃을 보아도 눈물이오, 새소리를 들어도 한숨짓는 자고, 충신열사의 난시를 당하여 거국이향去國離鄕한 회포를 오늘이야 깨닫겠도다. 만약 조국이 멸망하고 형제가 없어지면 우리는 뿌리 없는 부평이라. 다시 어디로 돌아가겠는가. 그리하면 우리는 어찌하여야 우리 조국을 붙들고 동포를 건지겠는가. 금일 시대에 첫째 교육을 받아 조국 정신을 배양하고, 지식을 밝히며 실력을 길러 단체를 맺고 일심동맹하는 것이 제일 방침이라 할지라. 그런 고로 우리는 한 단체를 조직하고 동의회라 이름을 발기하나니.

슬프다. 우리 동지 동포는 아무쪼록 우리 사정을 생각하고 단체 일심이 되어 소년 이태리의 열성으로, 조국의 정신을 뇌수에 깊이 넣고 교육을 발달하여 후진을 개도하며, 국권을 회복하도록 진심갈력할지어다. 저 덕국獨일 비스맥비스마르크은 평생에 쇄와 피의 두 가지로서 덕국을 흥복하고 부강을 이루었으니, 우리도 개개히 그와 같이 철환을 피치 말고 앞으로 나아가서 붉은 피로 독립기를 크게 쓰고 동심동력하여 성명을 동맹하기로 청천백일에 증명하노니 슬프다 동지 제군이여.

동의회 총장 최재형, 부총장 리범윤, 회장 이위종, 부회장 엄인섭 등

안중근의 시

영산전투에서 참패한 후 안중근은 다음과 같은 시를 지어 상심한 대원들을 격려하였다. 당시 그의 심정과 결심을 엿볼 수 있다.

男兒有志出洋外　사나이 뜻을 품고 나라 밖에 나왔다가
事不入謀難處身　큰일을 못 이루니 몸 두기 어려워라.
望須同胞誓流血　바라건대 동포들아 죽기를 맹세하고
莫作世間無義神　세상에 의리 없는 귀신은 되지 말자.

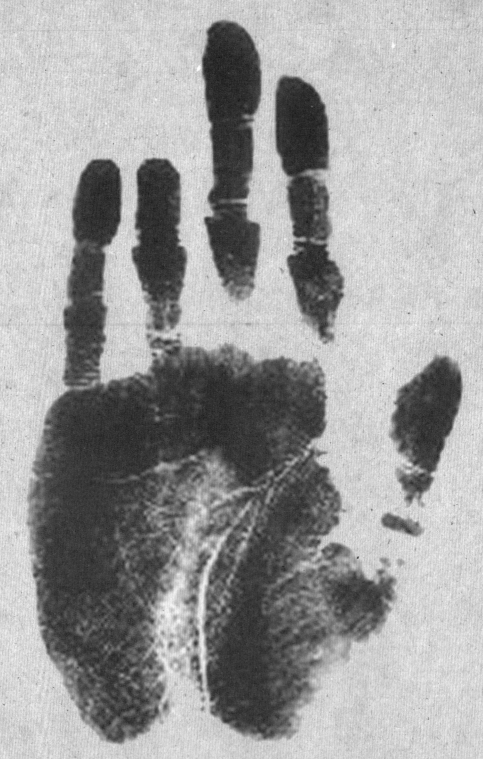

6장

대한의 위대한 손

01 손가락을 끊어 조국의 독립을 결의하다

영산전투 이후 모진 고초를 겪고 러시아 연추로 귀환해 기력을 회복한 안중근은 1908년 11월, 다시 연해주를 비롯한 러시아 원동 지역 한인 마을 순방에 나섰다. 안중근의 동선을 추적해 보면 다음과 같다.

블라디보스토크에서 수청 지방을 거쳐 연해주 북쪽의 하바로브스크Khabarovsk로 간 뒤, 아무르강의 사만리블라고슬로벤노예(Blagoslovennoe) 등 한인 마을들을 둘러보고, 다시 수청 지방으로 돌아왔다. 그는 이 여정 속에서 "교육에 힘쓰기도 하고, 혹은 단체를 조직하기도" 했다.

> 얼마 후 다시 그곳을 떠나 하바로브스크 쪽으로 향했다. 기선을 타고 흑룡강 상류 수천여 리를 둘러보았다. 한인 저명인사의 집을 방문한 다음, 다시 연해주의 수찬으로 돌아왔다. 그곳에서 혹은 교육에 힘쓰기도 하고, 혹은 단체를 조직하기도 하면서 여러 곳을 두루 다녔다.
>
> ― 『안응칠 역사』

안중근의 제2차 한인 사회 순방은 제2의 의병 봉기를 위함이었다. 그러나 상황이 그리 좋지 못했다. 안중근은 당시 연해주의 침체된 상황에 대해 "의병은 신뢰하기에 부족하고 강동江東의 유지有志는 말하기에 부족하여 민심의 통일을 기하기 어렵다"고 평가했다.

▲ 066_안중근 의사 기념비

안중근은 깊은 고민에 빠졌다. 그리고 "고심초려苦心焦慮한 결과" '단지동맹斷指同盟'을 조직하게 된다. 한인 사회의 지원과 협력이 어려운 상황에서 후일을 도모하기 위함이었다.

안중근은 단지동맹 결성에 대해 다음과 같이 기록하였다.

이듬해1909년 기유己酉 연추 방면으로 돌아와 동지 12인과 상의하되, "우리들이 전후에 전혀 아무 일도 이루지 못했으니 남의 비웃음을 면하기 어려울 것이요. 뿐만 아니라 만일 특별한 단체가 없으면 어떤 일이고 간에 목적을 달성하기가 어려울 것인즉, 오늘 우리들은 손가락을 끊어 맹서를 같이 지어 증거를 보인 다음에, 마음과 몸을 하나로 묶어 나라를 위해 몸을 바쳐, 기어이 목적을 달성하는 것이 어떻소" 하자, 모두가 그대로 따르겠다 하여, 마침내 열두 사람이 각각 왼편 손 약지指를 끊어, 그 피로써 태극기 앞면에 글자 넉 자를 크게 쓰니 '대한독립'이었다. 쓰기를 마치고, 대한 독립 만세를 일제히 세 번 부른 다음 하늘과 땅에 맹세하고 흩어졌다.

― 『안응칠 역사』

안중근은 1909년 2월 26일단가 4242년 음력 2월 7일 * 연추 하리 마을에서 동지 11인과 단지동맹을 결행하고 '조국 독립 회복'과 '동양 평화 유지'를 위해 '동의단지회同義斷指會'를 결성했다. 이들은 태극기를 펼쳐놓고 각자 왼손 무명지 첫 관절을 잘라 생동하는 선혈鮮血로 '대한독립大韓獨立'이라 쓰고 '대한 독립 만세'를 외쳤다. 독립을 향한 12인의

▼ 067_안중근 의사 기념비 앞에서(2013, 필자)

*동의단지회 결성 시기는 3월 2일이라는 설도 있다.

뜨거운 열망이 붉은 피로 세상에 드러나는 순간이었다.

안중근은 동의단지회 결성의 이유를 밝히는 '취지서'를 작성하였다. 안중근이 태극기에 피로 쓴 '대한독립' 네 글자는 『권업신문』 1914년 8월 23일자에 게재되어 한인들의 민족의식 고취에 크게 기여하였다.

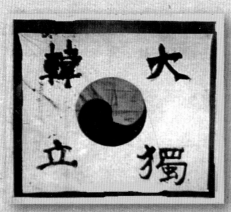

▲ 068_안중근이 혈서로 쓴 '대한독립'

▲ 069_단지한 안중근 의사

당신의 눈에 사진 속 손은 어떻게 보이는가? 사진 속 손은 분명 일반인의 손과 다르다. 어떤 이는 정상인의 손이 아니라고 말할지도 모른다. 어쩌면 그의 말이 옳다. 저 손은 너와 내가 속한 일반인들은 결코 가질 수 없는 손이다. 오직 나라의 독립을 위해 바쳐진 대한의 위대한 손이기 때문이다. 사진 속 손을 바라보며 스스로에게 "만약 나라면?"이란 질문을 던져보면 어떨까?

02 동의단지회 취지서

생전에 안중근은 동의단지회*의 동맹취지서를 자신이 썼다고 여러 차례 밝히며, 그 목적은 "한국의 독립을 회복하고 동양 평화를 유지하기 위하여"라고 요지만 진술하였다. 일제가 집요하게 추궁했지만 그는 끝까지 함구하였다. 이로 인해 동의단지회의 활동 강령이나 내용 등의 제반 사정은 일체 세상에 드러나지 않았다.

그러다 시간이 흘러 조금은 뜻밖의 인물에 의해 그 내용이 세상에 공개된다. 만주·러시아 지역의 대표적인 독립운동가 계봉우桂奉禹가 그 주인공이다. 계봉우는 『권업신문』에 1914년 6월 28일부터 8월 29일까지 총 10회에 걸쳐 「만고의사 안중근전」을 연재했는데, 그 안에 「동의단지회 취지서」가 인용되었다.

그렇다면 계봉우는 그동안 세상에 드러난 적 없는 「동의단지회 취지서」를 어떻게 얻게 된 것일까? 안중근은 여순에서 순국하기 전 정근定根·공근恭根 두 동생에게 단지동맹 시 만들어진 한국독립기와 지두指頭·취지서 등을 찾아 보관하라는 유언을 남겼다. 이에 안정근이 동맹자로부터 그것을 찾아와 보관하고 있다가 1913년 8월 10일 계봉우가 집필하는 전기의 자료로 제공했던 것이다.

「만고의사 안중근전」은 동시대에 만주·러시아 지역에서 활동한 대표적인 독립운

*동의단지회는 '단지동맹' 또는 '정천동맹'이라고도 한다.

大韓義士安重根公血書

괴유년이월초칠일에안의스즁근공이아라스연츄밧치기로단지동밍을힝흥고그피로써쓴글

에잇셔동지십일인과한가지로국가를위호야몸을

一千九百九年二月五日安重根公在俄領烟秋與同志

十一人共斷手指盟約爲國獻身取其流血親書斯文

안의스의단총
安重根公之銃

안의스의손가락
安重根公之手指

안의스즁근공의혈서

동가이자 역사가가 쓴 것이라는 측면에서 그 사료적 가치가 매우 높다고 할 수 있다. 「만고의사 안중근전」에서는 단지동맹을 기술할 때 다음과 같은 「동의단지회 취지서」를 인용하고 있다.

「동의단지회 취지서」

오늘날 우리 한국 인종이 국가가 위급하고 생민生民이 멸망할 지경에 당하여 어찌 하였으면 좋은 방법을 모르고 혹 왈 좋은 때가 되면 일이 없다 하고, 혹 왈 외국이 도와주면 된다 하나 이 말은 다 쓸데없는 말이니 이러한 사람은 다만 놀기를 좋아하고 남에게 의뢰하기만 즐겨하는 까닭이라. 우리 2천만 동포가 일심단체하여 생사를 불고한 연후에야 국권을 회복하고 생명을 보전할지라.

그러나 우리 동포는 다만 말로만 애국이니 일심단체이니 하고 실지로 뜨거운 마음과 간절한 단체가 없으므로 '특별히 한 회를 조직하니, 그 이름은 동의단지회라.' 우리 일반 회우會友가 손가락 하나씩 끊음은 비록 조그마한 일이나 첫째는 국가를 위하여 몸을 바치는 빙거憑據요, 둘째는 일심단체하는 표標라. 오늘날 우리가 더운 피로써 청천백일지하靑天白日之下에 맹세하오니 자금위시自今爲始하여 아무쪼록 이전 허물을 고치고 일심단체하여 마음을 변치 말고 목적(한국의 독립 회복과 동양 평화의 유지)에 도달한 후에 태평동락을 만만세로 누리옵시다.

위 인용문에는 "우리 동포는 다만 말로만 애국이니 일심단체이니 하고 실지로 뜨거운 마음과 간절한 단체가 없으므로 '특별히 한 회를 조직하니, 그 이름은 동의단지회'"라고 그 이름과 결성 취지가 분명히 드러나 있다.

동의단지회의 결성은 회령 영산전투 패배로 떨어진 자신과 동지들의 위상 회복과 국권 회복을 위한 강한 의지를 반영한 것이라고 볼 수 있다. "단지한 당시는 민심이 산란하고 또 나를 믿는 자가 없으므로 나는 국가를 위해 진력하는 열심을 타인에게 보이어 민심을 수습하기 위해 단지한 것이다"라는 안중근의 공술은 당시의 절박한 심정을 엿볼 수 있게 한다. 안중근이 11인의 동지를 중심으로 소규모로 결사대를 조직해 항전하고자 한 것은 의병전쟁의 분위기가 점차 식어가는 가운데 이루어진 투쟁 방략의 일환이었다고 볼 수 있다.

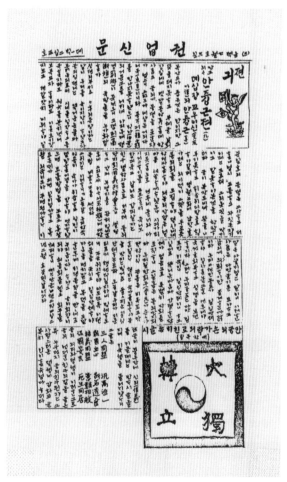

▲ 071_『권업신문』, 「만고의사 안중근전」, 1914년 8월 23일자

안중근은 동의단지회의 회장으로서 다음과 같은 시를 지어 동지들 간의 신의와 결속을 다졌다.

三人同盟 汎萬注一
3인이 동맹하니 모든 일을 할 수 있겠구나.

保國血心 斷石透金
나라를 위한 강한 마음은 돌을 깨고 금을 뚫는다.

結義同盟 患難相求
의로서 동맹하여 환란을 서로 구하자.

保國安民 死生同居
나라를 지키고 국민들을 편안하게 하기 위해 죽고 사는 것을 함께 하자.

— 『권업신문』, 「만고의사 안중근전」 1914년 8월 23일자

우리는 안중근을 제외한 단지동맹원 11인의 정확한 이름을 모두 다 알 수 없다. 여기에는 동지들의 신변을 걱정한 안중근의 눈물겨운 배려가 숨어있다.

안중근은 신문 초 동지들의 신변을 보호하기 위해 단독 결행한 것이라고 주장하였다. 그러다 평안도 지역의 동지로 포그라니치나야에서 청나라 세관 일을 했던 정대호鄭大鎬가 자신으로부터 들은 말을 일제에 실토한 뒤부터는 수사에 혼돈을 주기 위해 신문 시마다 약간씩 다른 명단을 말했다.

안중근이 직접 단지동맹자의 명단을 진술한 것은 정대호가 1909년 11월 22일 안중근과 11명이 함께 단지하였다고 진술한 후인 11월 24일 미조부치 다카오溝淵孝雄 검찰관의 안중근과 정대호의 대질신문 때다. 그때 안중근은 다음과 같이 진술하였다.

> 그들은 강기순姜起順 · 박봉석朴鳳錫 · 정원주鄭元周 그 밖에 사람은 이름을 모르는데 김金이라고 하는 사람이 3~4인 있었고, 그 밖에 유柳 · 조趙 · 이李라고 하는 사람과 황고영黃吉榮이라는 사람이다.

그러나 안중근은 "자기가 그들동맹자 앞에서 자기를 믿게 하려고 혼자 단지하고 그 피로 태극기에 대한독립이라 혈서한 것이다"라고 주장했다.

이후 이어진 11월 27일 사카이 키메이境喜明 경시警視의 신문 때도 "박봉석 · 강기순 · 정원식 등이 있었던 것은 알고 있으나 기타 사람은 지금 기억하지 못 한다"고 답하면서 "나를 믿는 자가 없으므로 나는 국가를 위해 진충盡忠하는 열심을 타인에게 보이어 민심을 수습하기 위해 단지한 것이다"라고 혼자 단지하였다는 사실을 강조했다.

안중근이 단지동맹원을 12인으로 시인한 것은 12월 3일 사카이 키메이 경시 신문 때부터였다. 그는 함께 단지한 동맹자의 명단과 간략한 신상을 다음과 같이 제시하며 자기가 맹주盟主, 회장라고 밝혔다.

> 안응칠, 김기룡, 강기순, 정원주, 박봉석, 유치홍柳致弘, 조순응曹順應, 황고병黃吉秉, 백남규白南奎, 김백춘金伯春, 김춘화金天化, 강계찬姜計瓚

이어 12월 20일 미조부치 검찰관의 신문 때도 이 명단과 대동소이한 다음과 같은 명단을 진술하였다.

강기순, 40세 전후, 의병, 경성京城 사람

정원식鄭元植, 30여 세, 의병, 주소는 미상

박봉석朴鳳錫, 34세, 농부, 함경도 사람

유치홍劉致弘, 40세 전후, 농업, 함경도 사람이라고 생각함

김해춘金海春, 25~26세, 사냥꾼, 함경도 사람

김기룡, 30세, 이발직, 평안도 사람, 전에 평안도 경무관을 지낸 일이 있음

백남규白南奎, 27세, 농업, 함경도 사람

황병길黃炳吉, 27~28세, 농업, 함경도 사람

조순응趙順應, 25~26세, 농부, 의병, 함경도 사람

▼ 072_단지동맹원 백규삼(왼쪽) 황병길(오른쪽)

김천엽金千華, 25~26세, 의병, 노동자, 원적은 미상

강계찬姜計瓚, 25~26세, 노동자, 평안도 사람

그 뒤에도 신문 시마다 성이나 이름이 약간씩 다른 명단을 거명하였으나 그 차이는 크지 않다.

일제 신문관들은 이에 만족하지 않고 공판 전까지 신문을 계속하였다. 특히 사카이 키메이 경시는 공판 전날인 1910년 2월 6일까지 계속 추궁했다. 그러나 안중근은 '전술한 명단대로'라고 단호히 말하며 더 이상 답하지 않았다.

그리고 안중근은 1910년 2월 7일 첫 공판정에서 마나베 주조 재판관에게 "모두 12인 이었지만 그 성명은 김기룡 · 강기순 · 유치현 · 박봉석 · 백낙규 · 강두찬 · 황길병 · 김백춘 · 김준화와 나 외 2명의 이름은 지금 기억되지 않는다"라고 진술하였다.

이상에서 논급한 내용과 학계의 연구 성과를 정리해 보면, 동의단지회 12명 회원 가운데 실명이 확인되는 인물은 맹주 안중근을 비롯해 김기룡·강순기·조응순·황병길·백규삼·김천화^{갈화천}·강창두 등 8명이며, 정원주·박봉석·유치홍·김백춘 등 4명은 현재로서는 실명을 확인하기 어렵다.

▲ 073_조응순이 공술한 단지동맹 전말기

◀ 074_조응순

하얼빈 의거
1909. 10. 26

하얼빈

채가구

흑룡강성

길림성

해납이(하이라얼)

자유시

치치하얼

우덕순, 조도선
대기지
1909. 10. 24~10. 26

장춘

목단강

길림

포그라니치나야

왕청

블라디보스토크

적봉

문화

유하

연길 훈춘

순국
여순 감옥
1909. 11. 3~
1910. 3. 26

홍경

관전

안동

대련

출발
블라디보스토크
1909. 10. 21

함흥

동 해

평양

황 해

▲ 075_안중근의 하얼빈 의거 관련 일정

7장

그날을 위하여

01 거사를 계획하다

다시 의병 운동을 일으키기에는 상황이 좋지 않았다. 우선 1908년 여름 연해주 의병의 국내 진공 작전을 지원했던 동의회 총장 최재형이 이전과 달리 의병운동을 반대하는 입장으로 돌아섰다. 여기에 동의회 부총장 이범윤은 러시아 당국의 체포 위협으로 의병을 일으킬 수 없는 상황에 처해 있었다. 또 다른 의병 지도자 홍범도 역시 1908년 7월 이후 러시아 추풍 지역에 은신하며 체류하다가 1909년에 이르러 다시 재기를 모색했으나 실패한 상태였다.

이에 안중근은 동지들의 의견을 구하고자 블라디보스토크로 향했다. 블라디보스토크에 도착한 안중근은 뜻밖의 소식을 접하게 된다. 이토 히로부미가 만주를 방문한다는 소식이었다. 의병 재봉기 계획의 실패로 상심해 있던 안중근은 크게 기뻐했다. 그는 이토 히로부미를 처단하기로 결심한다.

▼ 076_블라디보스토크역 구내(현재)   ▼ 077_블라디보스토크역 전경(현재)

블라디보스토크에 이르러 들으니 이토 히로부미가 얼마 안 있어 이곳에 올 것이라는 소문이 자자했다. 그래서 자세한 내용을 알고 싶어 신문을 여러 개 사 보았다. 과연 그가 며칠 후 하얼빈에 도착하기로 돼 있다는 것이 틀림없는 사실이었고, 의심의 여지가 없었다.

나는 남몰래 기뻤다.

'몇 년 동안 소원하던 목적을 이제야 이루게 되었구나! 늙은 도둑이 내 손에서 끝나는구나!'

— 『안응칠 역사』

▲ 078_『대동공보』

▲ 079_이토 히로부미

거사를 결심한 안중근은 "운동비를 마련할 길이 없어 이리저리 궁리하다가" 이석산본명 이진룡(李鎭龍)을 찾아가 거사 자금을 마련했다. 그러나 이석산의 자금만으로는 부족했던 것 같다. 이는 하얼빈에 도착한 안중근이 블라디보스토크의 『대동공보』 주필 이강李剛에게 보낸 편지를 통해 짐작할 수 있다. 편지에는 거사 계획과 자금 조달에 관한 내용이 쓰여 있다.

안녕하시옵니까.

이달 9일양력 10월 22일 오후 8시 이곳에 도착하여 김성백 씨 댁에 머무르고 있습니다. 『원동보』에서 보니, 이토는 이달 12일양력 10월 25일 러시아 철도 종국에서 특별히 배려한 특별 열차에 탑승하여 이날 오후 11시쯤에 하얼빈에 도착할 것 같습니다. 우리는 조도선 씨와 함께 저의 가족들을 맞아 관성자에 가는 길이라 말하고 관성자에서 거의 십여 리 떨어진 정거장에서 때를 기다려 그곳에서 일을 결행할 생각이오니 그리 아시기 바랍니다. 이 큰일의 성공 여부는 하늘에 달려 있으나, 동포의 기도에 힘입어 성공하게 되기를 간절히 바랍니다. 그리고 이곳의 김성백 씨에게서 돈 50원을 차용하니, 속히 갚아주시기를 천만 번 부탁드립니다.

대한 독립 만세!

9월 11일양력 10월 24일 오전 8시
우덕순 인
아우 안중근 인
블라디보스토크 대동공보사 이강 전

오늘 아침 8시에 출발하여 남쪽으로 갑니다.
추신: 포그라니치나야에서 유동하와 함께 이곳에 도착했으니 앞으로의 일은 본사로
　　　통보할 것입니다.

▼ 080_이강에게 보낸 엽서　　　▼ 081_이강

안중근의 거사 준비와 관련해서는 최재형이 주목된다. 안중근의 거사 동지 우덕순과 최재형의 여섯째 딸 최 올가 페트로브나의 증언에 따르면, 당시 최재형은 의병운동에 대해서는 부정적인 입장을 취하였으나 거사를 준비하는 안중근은 꾸준히 후원하였던 것으로 보인다.

먼저 우덕순은 "연추라는 곳에는 아마 조선인 중에 제일 유력한 최재형이라는 사람이 있어 우리 일을 많이 돌보아 주었는데 안중근은 그때 거기 가서 있다가 전보를 받고 8일 저녁에" 해삼으로 왔다고 하였다.

다음으로 최 올가는 "노보키예프스크 우리 집에 안응칠이 살았는데, 안 인사인가 또 다르게 불렀다. 그는 테러를 준비하였다. 벽에 세 사람을 그려놓고 이들을 사격하는 연습을 했다. 우리는 언제인가 언니 소냐와 함께 마당에서 놀면서 이 광경을 보았다. 안응칠이는 하얼빈으로 떠나갔다"고 회상했다.

▲ 082_최재형과 그의 형, 장조카

▲ 083_최재형의 자녀들(1915년 슬라비안카)

◀ 084_최재형 딸 최 올가(가운데) 가족

02 늙은 도적을 기다리며

 1909년 10월, 마침내 이토 히로부미가 러시아 대장성대신 코코프체프_{Kokovsev, V.N}와 만나 동양침략정책을 협상하기 위해 북만주를 방문한다는 소식이 전해졌다. 겉으로는 아무런 정치적 의도가 없는 만주 지역 여행이었지만, 속내는 한국은 물론 만주와 몽골 지배를 놓고 러·일 협상을 시도하려는 것이었다.

 소식을 접한 안중근은 한 치의 망설임도 없이 분연히 일어났다. 그는 국내 진공 작전 때의 전우인 우덕순과 함께 10월 21일 오전 8시 50분에 블라디보스토크를 출발해 다음 날 하얼빈에 도착했다. 중간에 중국 접경 도시인 포그라니치나야_{수분하}에서 동지인 유경집_{劉敬緝}의 아들 유동하_{劉東夏}를 통역으로 합류시켰다.

 10월 22일 저녁 하얼빈에 도착한 안중근 일행은 하얼빈 국민회_{國民會} 회장 김성백_{金成}

▼ 085_의거 3일 전 하얼빈 사진관에서 찍은 기념사진
안중근(왼쪽) 우덕순(중앙) 유동하(오른쪽)

▲ 086_하얼빈역 광장

伯의 집으로 가 이강李剛이 김성백에게 보내는 편지를 건낸 후 그의 집에서 유숙하였다.

23일 오전 안중근은 이발을 한 후 우덕순, 유동하 2인과 함께 사진관으로 가 의거 결의 기념사진을 찍었다. 그리고 연해주에서 오랫동안 활동하다 그 무렵 하얼빈에 거주하고 있던 조도선曹道先을 찾아가 거사 계획을 의논하였다.

그날 밤 김성백의 집에서 안중근은 의거 결의를 담은 「장부가」를 지었고, 이에 우덕순도 「거의가」를 지어 화답했다. 거사를 앞둔 두 사람의 비장한 심정을 엿볼 수 있다.

▼ 087_하얼빈역 구내

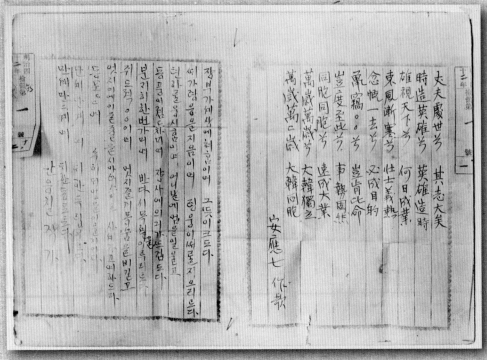

▲ 088_안중근의 「장부가」

장부가 丈夫歌

안중근

丈夫處世兮 其志大矣	장부가 세상에 처함에 그 뜻이 크도다
時造英雄兮 英雄造時	때가 영웅을 지음이여 영웅이 때를 지으리로다
雄視天下兮 何日成業	천하를 응시함이여 어느 날에 업을 이룰꼬
東風漸寒兮 壯士義烈	동풍이 점점 차가오니 장사의 뜻이 뜨겁다
憤慨一去兮 必成目的	분개히 한 번 감이여 반드시 목적을 이루리로다
鼠竊伊藤兮 豈肯比命	도적 쥐새끼 이토伊藤여 그 목숨 어찌 사람 목숨인고
豈度至此兮 事勢固然	어찌 이에 이를 줄을 헤아렸으리요 사세가 고연하도다
同胞同胞兮 速成大業	동포, 동포여 속히 대업을 이룰지어다
萬歲萬歲兮 大韓獨立	만세, 만세여 대한 독립이로다
萬歲萬萬歲 大韓同胞	만세, 만만세 대한 동포로다

거의가擧義歌

우 덕 순

만나도다 만나도다	원수 너를 만나도다
너를 한 번 만나려고	일평생에 원했건만
항상 언제 만나련고	수륙으로 기천리를
혹은 윤선 혹은 기차	로청양지露淸兩地 지날 때에
앉을 때나 섯을 때나	앙천仰天하고 기도할 때
주 예수여 살피소서	동반도에 대제국대한제국을
내 원대로 살피소서	오호 가는 이 도적아
금수강산 삼천리를	소리 없이 뺏으려고
궁흉窮凶 극악 저 수단을	갑오독립 시켜놓고
을사조약 한 연후에	오늘 네가 이곳 올 줄
나도 또한 몰랐구나	오늘 네 명 끊어지니
너도 또한 불상하다	너뿐인 줄 알지마라
오늘부터 시작하면	너의 동포 오천만을
내 손으로 다 죽이고	대한독립 시키리라
만세 만세 만만세는	대한 독립 만만세라

▲ 089_우덕순의 거의가

▲ 090_채가구역 열차(2012년)

안중근은 천재일우千載一遇의 기회를 놓치지 않기 위해 처음에는 동철철도東淸鐵道의 출발 지역인 남장춘南長春과 관성자寬城子로 가 거사를 실행하려 했다. 그러나 그곳까지 가기에는 경비가 부족했을 뿐 아니라 어린 유동히기 집으로 돌이가고자 해 계획을 포기해야 했다. 이에 안중근은 이토의 도착 지역인 하얼빈과 채가구蔡家溝 두 곳에서 거사를 실행하기로 한다.

안중근은 10월 24일 오전 9시경 우덕순, 조도선과 함께 채가구로 출발하여 동일 12시경 그곳에 도착했다. 이토가 탄 열차가 채가구역을 통과한다는 사실을 역무원으로부터 확인한 안중근은 1시경 유동하에게 "채가구에 도착했다. 일이 있으면 알려라"는 전보를 쳤다. 그리고 7시경 하얼빈의 유동하로부터 "내일 아침에 도착한다"는 전보를 받았다.

안중근은 교차역으로 기차가 쉬게 되는 채가구역에는 우덕순과 조도선을 배치하고, 하얼빈역은 자신이 담당하기로 했다. 유동하에게는 통역과 두 지점 사이의 연락을 맡겼다. 특별 열차가 채가구에서 정지하면 우덕순과 조도선이 이토를 공격하고, 만일 이것이 실패하면 종착지인 하얼빈에서 안중근이 공격한다는 계획이었다.

그러나 안타깝게도 채가구에서의 계획은 불발로 끝나고 말았다. 안중근은 채가구에 우덕순과 조도선을 남겨두고 25일 오전에 하얼빈으로 떠났는데, 이때 세 사람은 서로의 얼굴을 보는 마지막 순간일지 모른다는 생각에 서로 포옹하고 뜨거운 눈물을 흘렸다. 그런데 이를 본 러시아 경비병이 수상히 여겨 우덕순과 조도선이 투숙한 역구내의 여인숙 문을 밖에서 잠가버렸다. 결국 두 사람은 아무것도 할 수 없는 상황에서 안중근이 성공하기만을 바랄 수밖에 없었다.

한편 안중근은 25일 오후 1시경 하얼빈에 도착했다. 기차 속에서 그는 이토가 26일 오전에 하얼빈에 도착한다는 『원동보』 기사를 읽었다. 그리고 마침내 1909년 10월 26일, 역사적인 거사 일을 맞았다. 안중근은 6시 반경 일어나 수수한 양복으로 갈아입고 7시경 하얼빈역에 도착했다. 러시아 당국은 사건 예방을 위해 동양인에 대한 검문이 필요하다고 했지만, 일본은 자국민의 출입 자유가 보장되어야 한다며 러시아의 요구를 거절했다. 때문에 안중근은 아무런 제재도 받지 않고 역내로 쉽게 들어갈 수 있었다. 안중근은 역구내 찻집으로 들어가 늙은 도적이 오기를 기다렸다.

▼ 091_채가구역 전경(2012년)

03 평화의 총탄을 발사하다

1909년 10월 26일 오전 9시 무렵, 하얼빈역으로 이토를 태운 특별 열차가 들어왔다. 열차가 멈추자 대기하고 있던 러시아 대장성대신 코코프체프가 수행원을 거느리고 열차 안으로 들어갔다. 그로부터 약 20분 뒤 이토가 수행원을 거느리고 코코프체프의 안내를 받으며 열차에서 내렸다. 이토는 군악을 울리며 도열한 의장대를 사열하고 이어 각국 사절단 앞으로 나가 인사를 받기 시작했다.

이때 안중근은 무엇을 하고 있었을까?『만주일일신문』에 실린 안중근의 속기록은 이토 저격 직전 그의 모습을 생생히 보여준다.

> 나는 차를 마시면서 '하차하는 것을 저격할까, 아니면 마차에 타는 것을 저격할까' 하고 생각했는데, 일단 상황이라도 보려고 나가 보니 이토는 기차에서 내려 많은 사람들과 함께 영사단領事團 쪽으로 병대가 정렬한 앞을 행진하고 있었다.
> 그래서 나는 그 뒤쪽에서 같은 방향으로 따라갔지만, 누가 이토인지는 분별이 가지 않았다. 자세히 보니 군복을 입은 것은 모두 러시아인이고 일본인은 모두 사복을 입고 있었는데, 그중 맨 앞에서 행진하는 사람이 이토라고 생각했다.
> 그리고 내가 러시아 병대의 대열 중간쯤의 지점으로 갔을 때, 이토는 그 앞에 열 지어 있던 영사단 앞에서 되돌아왔다. 그래서 나는 병대의 열 사이에서 안으로 들어가 손을 내밀고 맨 앞에서 행진하고 있는 이토라고 생각되는 사람을 향해 십 보 남짓의 거리에서 그의 오른쪽 상박부를 노리고 세 발 정도를 발사했다.

안중근은 러시아 의장대 뒤에서 기회를 노리고 있었다. 그는 이토가 10여 보 떨어진 지점에 이르자 준비해 간 브라우닝 권총을 꺼내 그를 향해 발사했다. 모두 네 발*을 발사했는데, 총알은 가슴과 옆구리에 명중하고 복부를 관통했다. 늙은 도적은 그 자리에서 쓰러졌다.

안중근은 쓰러진 자가 이토가 아닐지도 모른다는 생각에 뒤따르던 일본인들을 향해 세 발을 더 쏘았다. 이토를 수행하던 하얼빈 일본 총영사 가와카미 도시히코川上俊彦, 궁내부 비서관 모리 야스지로森泰二郎, 만철滿鐵 이사 다나카 세이지로田中淸次郎가 중경상을 입고 차례로 쓰러졌다. 절묘하게도 이토 일행과 뒤섞여 수행하던 코코프체프 일행은 단 한 사람도 다치지 않았다.

이후 안중근은 큰소리로 "코레아 우라대한국 만세"를 삼창했다. 이날의 그의 외침은 그 자리에 모인 사람들을 넘어 세상을 향한 것이었으리라. 안중근은 러시아 헌병장교 미치올클로프에게 체포되었는데, 그는 이때를 9시 30분경으로 기억했다. 치명상을 입은 이토는 열차로 옮겨져 응급 치료를 받았으나 곧 절명하였다.

거사 직후 체포된 안중근은 역구내 러시아 헌병대 분소에서 러시아 검찰관의 신문을 받았다. 이때 안중근은 대강 다음과 같이 진술하였다. 성명은 대한국인 안응칠安應七, 연령은 31세, 국적은 한국, 신앙은 가톨릭이며, 이토 살해를 결심한 것은 그가 "한국 국민에게 가한 압제에 보복하고 또한 그가 공창규, 이항기 및 기타 많은 동지를 처형한 것에 대해 복수하기 위해서이다"라고 하였다. 안중근은 그날 저녁 하얼빈 일본 총영사관으로 넘겨져 영사관 지하 감방에 구금되었다.

이렇게 안중근은 일본 명치유신의 공로자이며 일본의 군국화를 주도해 청일·러일 전쟁을 도발하고 이어 남북만주 및 중국 대륙을 침략하는 대륙정책을 현지에서 진두지휘한 이토 히로부미를 '조국의 독립, 동양의 평화'의 이름으로 처단하였다.

---

*세 발이라는 주장도 있다.

▲ 092_의거 직전의 하얼빈역

▲ 094_하얼빈역에 도착한 이토 일행

▲ 093_하얼빈 의거 엽서

▲ 095_하얼빈 의거 모습

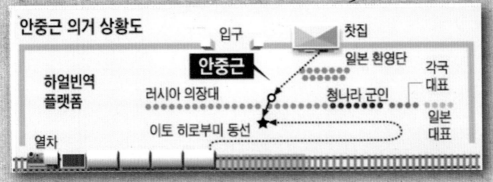

안중근 의거 상황도

입구 　 찻집

안중근

일본 환영단

각국
대표

하얼빈역
플랫폼

러시아 의장대

청나라 군인

일본
대표

이토 히로부미 동선

열차

▲ 096_하얼빈 의거 현장도

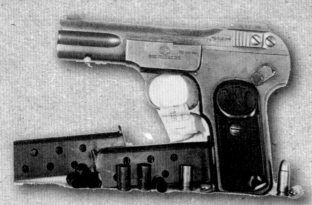

▲ 098_하얼빈 의거 시 사용된 권총

▲ 099_하얼빈 의거 시 탄환

▲ 097_안중근 의사의 체포

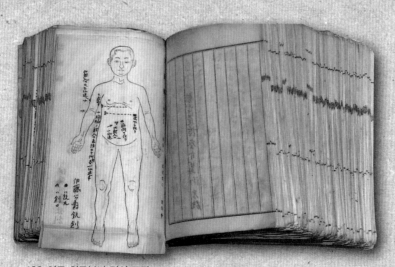

▲ 100_이토 히로부미 검시 도면

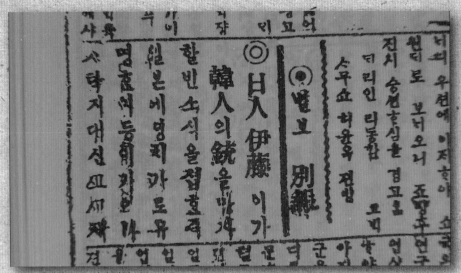

▲ 101_『대동공보』 의거 관련 보도

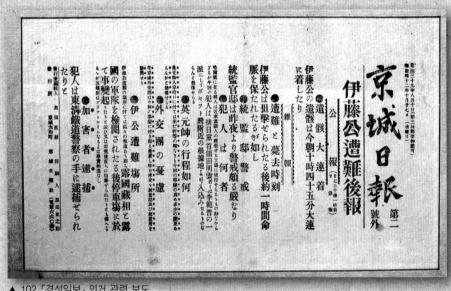

▲ 102_『경성일보』 의거 관련 보도

▲ 103_의거 후 체포된 안중근 의사

깊이 읽기 **안중근, 의거의 순간을 말하다**

다음은 의거의 순간에 대한 기록·증언 자료들이다. 이들 자료를 읽으며 당시의 시대적 상황과 안중근 의거의 역사적 의미를 함께 생각해 보자.

1. 『안응칠 역사』

안중근은 자신의 자서전에서 의거 당시의 상황을 다음과 같이 담담하게 간략히 서술하였다.

> 9시쯤 되어 드디어 인산인해를 이룬 가운데 이토가 탄 특별 열차가 도착했다. 이토가 열차에서 내렸다. 군대가 경례하고, 군악대 연주 소리가 하늘을 울리며 귀를 때렸다. 나는 곧바로 군대가 늘어서 있는 뒤에까지 이르러 앞을 보았다. 러시아 일반 관리들의 호위를 받으며 맨 앞에 누린 얼굴에 흰 수염을 가진 늙은이가 걸어오고 있었다.
>
> "저것이 필히 늙은 도둑 이토일 것이다"라고 생각한 나는 곧 단총을 뽑아들고 그의 오른쪽 가슴을 향해 신속히 네 발을 쏘았다. 다시 뒤쪽을 향해 일본인 단체 가운데서 가장 의젓해 보이며 앞서 가는 자를 향해 다시 세 발을 잇달아 쏘았다.
>
> 이때가 바로 1909년 음력 9월 13일 상오 9시 반쯤이었다. 나는 곧 하늘을 향해 큰소리로 "대한 만세"를 세 번 부른 다음, 정거장 헌병 파견대로 끌려갔다.

2. 일본 측 신문 기록

일본 측 신문 기록은 문답·형식으로 이루어져 있어 당시 상황을 명료하게 이해하는 데 도움을 준다.

문: 이등의 객차가 도착할 때까지는 어디에서 기다리고 있었는가.
답: 삼등 대합실에서 차茶를 사서 마시고 있었다.

문: 언제 플랫폼에 나갔는가.
답: 이등이 하차하여 플랫폼을 왕래하고 있을 때 나갔다.

문: 그대는 처음 플랫폼 어느 줄로 나갔는가.

답: 나는 일등 대합실 출입구로부터 플랫폼으로 나갔는바 이등은 저쪽으로 갔다가 다시 돌아오므로 나는 노국 병대兵隊의 후방에 가서 기다리고 있었는데 내 앞을 통과하였을 때 병대 틈으로부터 저격하였다. 도열한 앞에는 나가지 않았다.

문: 러시아 관리가 말하는 바에 의하면 그대는 병대의 도열해 있는 앞으로 나와 한 발을 내딛고 허리를 굽혀 발사하였다 하는데 어떠한가.

답: 그렇지 않다. 병대 앞에 나올 까닭이 없다. 전연 다르다.

문: 그대는 발사 시 오른손의 팔꿈치를 왼손으로 받치고 장단長短을 맞추어 발사하였는가.

답: 그런 것은 아니다. 나는 한 손으로 쏘았다. 왼손을 받치지 않았다. 더욱이 나는 쏜 후에는 병대의 앞으로 나와 있었다고 생각한다. 그것은 병대가 단총短銃을 발사한 소리를 듣고 대열을 헤쳐 후방으로 물러섰기 때문이다.

문: 우선 이등을 노리고 쏘았는가.

답: 그렇다.

문: 몇 발 정도 발사하였는가.

답: 4발 정도라고 생각한다.

문: 그때 이등공과 같이 있었던 천상川上 총영사에도 탄환이 명중하였는데 그것은 이등을 쏜 후에 쏜 것인가.

답: 그것은 모른다. 그러나 나는 이등을 첫 번째로 쏘고 그 후 조금 옆을 향하여 쏘았다.

문: 후에 옆쪽을 향하여 몇 발 쏘았는가.

답: 2, 3발 정도라고 생각한다.

문: 탄환은 모두 발사하여 버렸는가.

답: 다 발사하였는지 또 한 발 정도는 남았었는지 그것은 모른다.

문: 그대가 체포되었을 때 그 러시아 장교와 같이 쓰러졌는가.

답: 그렇다.

문: 그때 그대는 주머니에서 해군 나이프를 꺼냈는가.

답: 그러한 일은 없다. 나는 나이프를 가지고 있었으나 꺼내지 않았다.

— 안중근 제2회 신문조서, 1909년 11월 14일

3. 안중근 사건 공판 속기록(『만주일일신문』)

대련에서 간행된 『만주일일신문』에는 안중근의 1910년 2월 8일부터 15일까지의 공판 속기록이 실렸다. 공판 직후 단행본으로도 간행되어 이토 사살 사건에 대한 기초 자료로 활용되어 왔다. 그중 안중근의 의거 순간에 대한 기록을 발췌하였다. 앞서 살펴본 신문 기록보다 더 상세히 언급되어 있다.

마나베 주조 재판장 이토 공이 탄 열차가 도착했을 때, 피고는 어떤 행동을 했는지 그 상황을 진술하라.

안중근 내가 찻집에서 차를 마시고 있는데 열차가 도착했다. 그와 동시에 음악이 연주됐고 병대兵隊가 경례하는 것을 보았다. 나는 차를 마시면서 '하차하는 것을 저격할까, 아니면 마차에 타는 것을 저격할까' 하고 생각했는데, 일단 상황이라도 보려고 나가 보니 이토는 기자에서 내려 많은 사람들과 함께 영사단領事團 쪽으로 병대가 정렬한 앞을 행진하고 있었다. 그래서 나는 그 뒤쪽에서 같은 방향으로 따라갔지만, 누가 이토인지는 분별이 가지 않았다. 자세히 보니 군복을 입은 것은 모두 러시아인이고 일본인은 모두 사복을 입고 있었는데, 그중 맨 앞에서 행진하는 사람이 이토라고 생각했다. 그리고 내가 러시아 병대의 대열 중간쯤의 지점으로 갔을 때, 이토는 그 앞에 열 지어 있던 영사단 앞에서 되돌아왔다. 그래서 나는 병대의 열 사이에서 안으로 들어가 손을 내밀고 맨 앞에서 행진하고 있는 이토라고 생각되는 사람을 향해 십 보 남짓의 거리에서 그의 오른쪽 상박부를 노리고 세 발 정도를 발사했다. 그런데 그 뒤쪽에도 또 사복을 입은 사람이 있었기 때문에, 그가 혹시 이토가 아닌가 생각하고 그쪽을 향해 두 발을 발사했다. 그리고 나는 러시아 헌병에게 잡혔다.

재판장 피고는 군대 후방에 있었는데 어떻게 군대 전면을 통과하는 것을 저격했는가.

안중근 정렬하고 있는 병사와 병사 사이의 간격은 이삼 보 정도 떨어져 있었는데, 나는 그 후열의 병사 뒤에서 병사와 병사 사이에 있다가 내 앞을 이삼 보쯤 지나갔다고 생각했을 때 발사했다.

재판장 어떤 자세로 발사했는가.

안중근 서서 한쪽 발을 조금 앞으로 내디뎠지만, 특별히 왼손으로 오른손을 받치거나 하지는 않고 발사했다.

재판장 그때 이토 공이라는 것을 어떻게 알 수 있었는가.

안중근 얼굴을 본 기억은 별로 없지만 맨 앞에서 행진하고 있었고, 또 그 사람이 노인이었기 때문에 이토라고 생각했다.

재판장 피고는 앞서 검찰관에게는 발사할 때 다소 앞으로 나아가고 있었기 때문에 발사가 끝났을 때에는 군대의 앞 열보다 앞으로 나가 있었다고 진술했는데, 어떻게 된 것인가.

안중근 내가 앞으로 나간 것이 아니다. 총을 쏘자 좌우의 병사들이 내 뒤로 흩어졌기 때문에 마치 내가 앞으로 나간 것처럼 됐던 것이다.

재판장 피고는 최초 발사 후, 뒤따라 온 사복을 입은 일본인들을 향해 또다시 발사했다고 말했는데, 몇 사람쯤을 향해 발사한 것인가.

안중근 그 뒤에는 많은 사람들이 따라오고 있었는데, 나는 최초의 발사 후 방향을 바꾸어 그중 맨 앞에서 걸어오던 자들을 겨누어 발사했다.

재판장 피고는 그때 모두 몇 발 정도를 발사했는가.

안중근 확실히는 모르지만 대여섯 발쯤 발사했다고 생각한다.

재판장 그때 저지당하지 않았다면 남아 있는 것도 마저 발사할 생각이었는가.

안중근 나는 과연 명중했는지 어떤지 생각하고 있던 순간에 잡혔기 때문에 남은 것은 발사하지 않았다.

재판장 피고가 발사한 부근에 일본인 단체가 있었는가.

안중근 그런 건 알아차리지 못했다.

재판장 발사한 뒤 피고는 어떻게 포박당했는가. 그 당시의 상황을 말해 보라.

안중근 내가 발사하자 곧 러시아 헌병들이 나를 잡으려고 덮쳤고, 그와 동시에 나는 그곳에서 나뒹굴었으며, 그때 가지고 있던 총을 던져버렸다. 나는 이제 어쩔 수 없다고 생각하고, 노국에서 일반적으로 사용하는 말로 '코레아 우라'라고 만세를 삼창했다. 그리고 신체 검색을 받았다.

재판장 　그때 피고는 권총 이외의 흉기는 소지하지 않았는가.

안중근 　작은 칼을 가지고 있었다.

재판장 　피고는 권총을 빼앗겨서 그 작은 칼로 저항하지는 않았는가.

안중근 　아주 작은 것이었기 때문에 그걸 가지고 저항하는 따위의 일은 하지 않았다.

재판장 　피고는 이번에 이토 공을 살해하고 그 자리에서 자살이라도 할 생각이었는가.

안중근 　나의 목적은 한국의 독립과 동양 평화의 유지에 있었고, 이토를 살해하기에
　　　　이른 것도 개인적인 원한에 의한 것이 아니라 동양의 평화를 위한 것으로,
　　　　아직 목적을 달성했다고 할 수 없기 때문에 이토를 죽여도 자살할 생각 따
　　　　위는 없었다.

재판장 　피고가 발사한 총알이 효력이 있었다고 생각했는가.

안중근 　나는 효력이 있는지 몰랐고, 또 그 당시 이토가 사망했는지의 여부도 몰랐다.

재판장 　피고는 러시아 관헌에게 체포되어 신문을 받으면서 휴식 중에 통역으로부
　　　　터 이토 공이 사망했음을 듣고 성상聖像을 향해 신에게 감사했다고 하는데,
　　　　사실인가.

안중근 　나는 이토가 절명했는지 어떤지 들은 일이 없다.

재판장 　피고의 진술과 같이 정말 원대한 목적을 가지고 있었다고 한다면, 결행한 후
　　　　체포당하지 않도록 도주를 꾀했을 것이라고 생각하는데, 피고는 도주할 작
　　　　정이었는가.

안중근 　나는 예상했던 목적을 달성할 기회를 얻기 위해 거사한 것으로, 결코 도주
　　　　할 생각 따위는 없었다.

재판장 　권총은 자루 같은 데에 넣어 소지하고 있었는가.

안중근 　아무데도 넣지 않고 그대로 가지고 있었다.

재판장 　이토 공은 부상 후 30분 남짓 지나서 절명했는데, 피고는 그의 수행원이었
　　　　던 가와카미 총영사와 모리 궁내대신 비서관 그리고 다나카 남만주철도주
　　　　식회사 이사에게까지 부상을 입혔다. 공작 이외의 사람들에게 부상을 입힌
　　　　것에 대해서는 어떻게 생각하는가.

안중근 　이토 이외의 죄가 없는 사람에게 부상을 입힌 것은 비통한 일이라고 생각한다.

의거 현장 도면

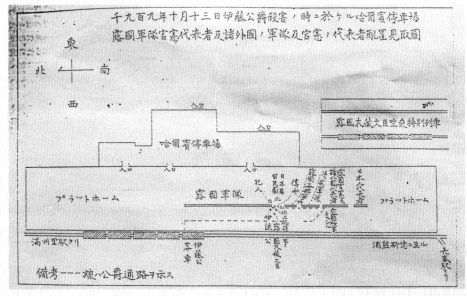

▲ 104_하얼빈 의거 현장도

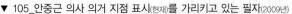

▼ 105_안중근 의사 의거 지점 표시(현재)를 가리키고 있는 필자(2009년)

106_여순감옥 전경

107_여순감옥 옥사 내부

8장

옥중 투쟁
– 역사의 진실을 외치다

01

의거의 정당성을 밝히다

이토 저격 직후 현장에서 러시아 헌병에게 체포된 안중근은 러시아 국경지방재판소 제8구 시심始審 재판소 판사 스트라조프와 동 재판소 검사 밀레르에게 첫 신문을 받고, 당일 오후 8, 9시경 하얼빈 일본 총영사관에 넘겨졌다.

러시아 검찰관이 한국인 통역가 같이 와서 이름과 어느 나라 어디에 살머 어디에서 와서 왜 이토를 헤쳤는가를 물었다. 나는 대강 설명해 주었는데 통역하는 한국인의 한국말을 잘 알아들을 수 없었다. 그때 사진을 찍는 자가 와서 사진을 서너 차례 찍었다.

저녁 8, 9시쯤 러시아 헌병 장교가 나를 마차에 태우고 어느 방향인지 모를 곳으로 갔다. 내가 도착한 곳은 일본 영사관이었다. 그는 나를 넘겨주고 가버렸다. 그 뒤에 그곳 관리가 두 차례 신문했고, 4, 5일 뒤에 미조부치 검찰관이 와서 다시 신문했다.

— 『안응칠 역사』

▼ 108_하얼빈 일본 총영사관

사실 당시 일본에는 안중근을 조사하고 재판할 수 있는 권한이 없었다. 1899년 9월 1일 체결된 「한청통상조약」 5관款에 '청나라 영토 안에 있는 한국인에게는 한국법을 적용한다'고 되어 있었기 때문이다.

그러나 일본은 1905년 체결된 「한일보호조약」 1조 '외국에 있는 한국인은 일본 관헌이 보호한다'를 근거로 재판권이 일본에 있다고 주장했다. 일본은 이 조약을 확대 해석해 러시아에 이토를 저격한 범인을 넘겨 줄 것을 강력히 요구했다. 결국 재무 대신 코코프체프는 재판권을 포기했다.

안중근의 신병을 넘겨받은 일본은 안중근에 대한 본격적인 조사·신문에 들어갔다. 당시 이루어진 미조부치 다카오溝淵孝雄 검찰관의 신문에서 안중근은 자신이 이토를 처단한 이유를 다음과 같이 조목조목 밝혔다.

> 미조부치 검찰관이 이토 히로부미를 가해한 일에 대해 내게 물으므로 나는 이렇게 대답했다.
> 1. 대한제국 명성황후를 시해한 죄요.
> 2. 대한제국 고종 황제를 폐위시킨 죄요.
> 3. 5조약과 7조약을 강제로 체결한 죄요.
> 4. 무고한 대한인들을 학살한 죄요.
> 5. 국권을 강탈한 죄요.
> 6. 철도·광산·산림·하천 등을 강제로 빼앗은 죄요.
> 7. 제일은행권 지폐를 강제로 사용하게 한 죄요.
> 8. 대한제국 군대를 강제로 해산시킨 죄요.
> 9. 민족교육을 방해하고 신문 읽는 권리를 금지시킨 죄요.
> 10. 대한인들의 외국 유학을 금지시킨 죄요.

11. 교과서를 압수하여 불태워버린 죄요.

12. 대한인이 스스로 일본인의 보호를 받고자 한다고 세계에 거짓말을 퍼뜨린 죄요.

13. 대한제국과 일본 사이에 분쟁이 쉬지 않고 살육이 끊이지 않는데, 대한제국이 태평무사한 것처럼 위로 천황을 속인 죄요.

14. 동양 평화를 파괴한 죄요.

15. 일본 현 천황의 아버지 효명 천황을 살해한 죄라고 했다.

— 『안응칠 역사』

안중근은 미조부치 검찰관 앞에서 이토의 죄상을 조목조목 나열하며 의거의 정당성을 주장했다. 안중근이 밝힌 이토의 죄상 15개 조를 보면, 안중근이 일제의 조선 침략상과 국제정치에 얼마나 해박한 인물이었는가를 알 수 있다.

이후에도 그는 "내가 죽고 사는 것은 논의할 필요가 없소. 단지 내 뜻을 빨리 일본 천황에게 알리시오. 그래서 속히 이토 히로부미의 옳지 못한 정략을 고쳐 동양의 위급한 대세를 바로잡는 것이 내가 간절히 바라는 바이오"라고 하며 자신의 의거가 이토 히로부미의 옳지 못한 정략을 바로 잡기 위한 정당한 처사였음을 거듭 주장했다.

◀ 109_미조부치 다카오 검찰관

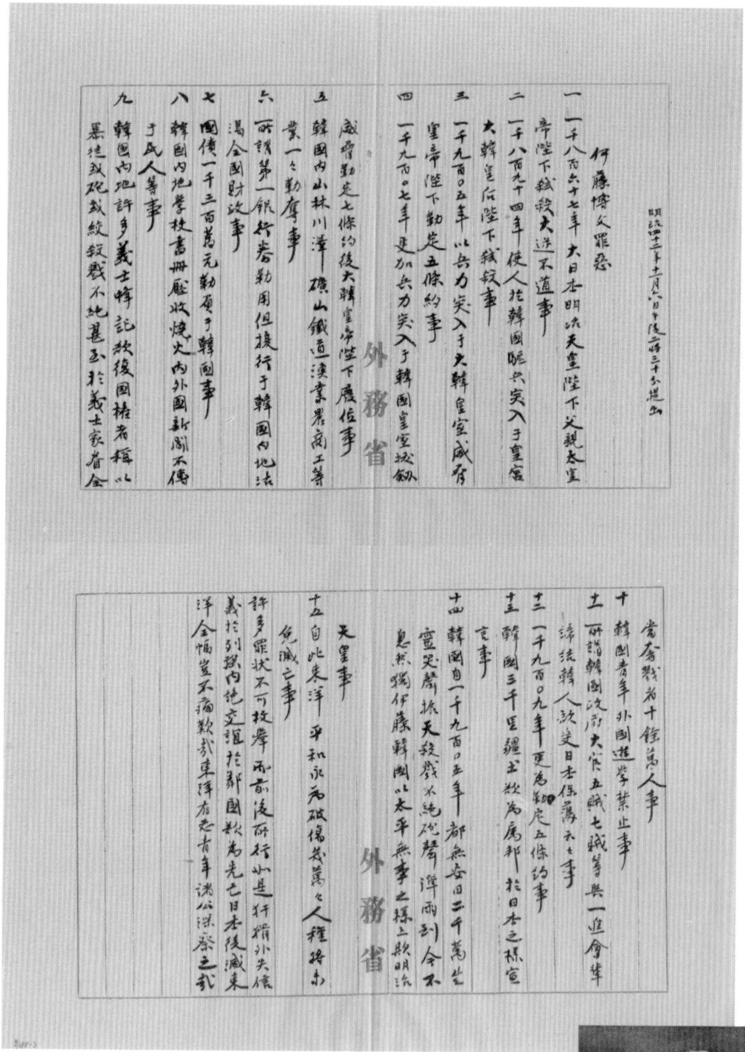

明治四十二年十二月六日午後二時三十分提出

伊藤博文罪惡

一 一千八百六十七年 大日本明治天皇陛下父親太皇帝陛下弑殺大逆不道事

二 一千八百九十四年 使人於韓國驅兵突入于皇宮 大韓皇后陛下弑殺事

三 一千九百〇五年 以兵力突入于大韓皇室 威脅皇帝陛下勒定五條約事

四 一千九百〇七年 更加兵力突入于韓國皇室 拔劍威脅勒定七條約後大韓皇帝陛下廢位事

五 韓國內山林川澤礦山鐵道漁業農商工等業一一勒奪事

六 所謂第一銀行券勒用 但換行于韓國內地 法竭全國財政事

七 國債一千三百萬元勒負于韓國事

八 韓國內地學校書冊壓收燒火 內外國新聞不傳于民人等事

九 韓國內地許多義士蜂起 欲復國權者稱以暴徒 或砲或絞 殺戮不絕 甚至於義士家眷全當殺戮者十餘萬人事

十 韓國青年外國遊學禁止事

十一 所謂韓國政府大官五賊七賊等與一進會輩締結韓人欲受日本保護云云事

十二 一千九百〇九年 更爲勒定五條約事

十三 韓國三千里疆土欲爲屬邦 於日本之樣宣言事

十四 韓國自一千九百〇五年 都無安日 二千萬生靈哭聲振天 殺戮不絕 砲聲彈雨到今不息 然獨伊藤 韓國以太平無事之樣上欺明治天皇事

十五 自此東洋平和永爲破傷 幾萬萬人種將未免滅亡之事

許多罪狀不可枚擧 而前後所行如是 狂猾外失信義於列強 內絶交誼於鄰國 欲爲先亡日本後滅東洋全幅 豈不痛歎哉 東洋有志青年諸公深察之哉

▲ 110_안중근이 이토 히로부미의 죄악을 정서한 일본외무성 문건

111_이토 히로부미 ▶

02 계속된 조사

　이토 피격 다음 날인 10월 27일 외무대신 고무라 주타로小村壽太郎는 가와카미 하얼빈 일본 총영사에게 이 사건의 재판을 여순 관동법원에 넘기라고 지시했다. 여순에 있는 여순 관동법원은 검찰관 미조부치를 '이토 히로부미 암살 사건'의 담당 검사로 임명했다.

▼ 112_여순역

▲ 113_고무라 주타로 외무대신　　▲ 114_구라치 테츠키치　　▲ 115_마나베 주조 재판장　　▲ 116_소노키 스에요시 통역관
　　　　　　　　　　　　　　　　외무성 정무국장

　여기서 중요한 것은 '안중근이 어디서 재판을 받느냐'였다. 1905년 을사늑약 이후 일본은 조선인이 외국에서 범죄를 일으켰을 경우 일본인과 똑같이 현지 일본 영사관에서 1심을 거친 후 본토의 나가사키 고등법원에서 2심을 받게 했다. 이에 따르면 안중근도 하얼빈 일본 총영사관에서 영사 재판을 거친 후 나가사키로 가 최고재판소에서 최종심을 받는 절차를 밟아야 했다.

　그러나 안중근은 여순 관동법원으로 넘겨졌다. 일본의 점령지였던 관동도독부에서는 본토와 달리 외무대신이 최고재판소의 권한을 대행할 수 있었다. 이 말은 곧 사형 선고도 마음대로 내릴 수 있다는 것을 의미했다. 일본은 처음부터 안중근을 사형시키기로 작정했던 것이다.

　다음 날인 10월 28일 미조부치 검찰관은 하얼빈 일본 총영사관에 출두해 가와카미 총영사로부터 이토 살해 피고인 안응칠과 용의자 15명의 신병과 러시아가 작성한 조사 서류·증거품 등 일체를 넘겨받았다. 미조부치는 이틀 후인 10월 30일 하얼빈 일본 총영사관 건물에서 안중근을 1차 신문한 후, 안중근 등 9명의 신병을 관동도독부 헌병대로 넘겼다. 그 후 11월 11일까지 하얼빈에 머물면서 주변 인물들을 상대로 참고인 수사를 진행했다.

일제는 하얼빈에서는 우덕순, 조도선, 유동하, 정대호 등 11명을 거사 관련자로 지목해 체포 구금하고 신문하였다. 국내에서도 안창호安昌浩, 이갑李甲, 이종호李鍾浩, 김명주金明濬, 김구金九 등의 친지를 구속 조사하고, 정근·공근 두 동생은 물론 안중근의 모친까지 신문하였다.

미조부치는 현장 조사와 참고인 수사 등을 통해 사건의 전모를 어느 정도 밝혀낼 수 있었다. 안중근이 1차 신문에서 한 '나는 사냥꾼이며 부모와 처자도 없다'는 진술과 달리 황해도 해주의 명문가 출신이며 의병 활동을 하다가 연해주로 피신해 왔다는 것, 동지 11명과 함께 손가락을 잘라 단지동맹을 결성하였다는 것 등을 알아냈다.

이때 이토 피격 당시 현장에 있었던 귀족원 의원 무로다 요시아야室田義文가 범인 복수설複數說을 제기했다. "공작을 저격한 범인은 현장에서 체포된 자가 아니라 다른

▲ 117_안중근의거에 참여한 독립운동가들(추정)

사람일 수도 있다", "망명 한국인 단독으로는 절대로 대정치가의 암살을 실행할 수 없다"는 것이 그의 주장이었다. 제기된 문제를 해결하기 위해 미조부치는 11월 5일 동경지방법원 재판소 검사정檢事正 고바야시 요시로小林芳郎 앞으로 무로다에게 질의할 내용을 적은 질의서를 보냈다. 그리고 무로다의 답변을 신속히 보내달라고 하였다.

하얼빈에서 현장 조사와 참고인 수사를 마치고 여순으로 온 미조부치는 여순감옥에 수감된 안중근을 본격적으로 신문하기 시작했다. 11월 14일부터 11월 26일까지 총 7차례의 신문이 이루어졌다. 이로써 사건 발생 한 달 만에 조사는 일단락되었다.

그러나 미조부치 검찰관의 조사가 사건 연루자와 조직 계통을 파악하는 데 부족하다는 의견이 제기되었다. 이에 통감부에서 파견한 사카이 키메이 경시가 다시 안중근을 신문하기 시작했다. 그러나 사카이 키메이 역시 별다른 성과를 거두지 못했

▼ 118_하얼빈 의거 시의 안중근 의사

다. 이에 미조부치는 사카이 키메이의 조사를 중지시킬 것을 요구하고 본인이 다시 조사에 착수했다. 12월 20일부터 조사를 속개해 이듬해 1월 26일까지 4차례 더 신문을 진행했다. 그리고 2월 1일, 미조부치는 안중근 등을 살인죄로 기소하고 재판을 청구했다.

미조부치 검찰관은 안중근을 총 11차례 신문했는데, 그 성격에 따라 크게 둘로 나눠볼 수 있다. 하나는 통감통치의 성격, 초대 통감 이토에 대한 평가, 이토 저격의 정당성 여부 등을 둘러싼 이념 논쟁이었다1회, 6회, 8회. 그리고 다른 하나는 이토 피격 사건의 실체적 진실을 밝혀내고 안중근을 살인죄로 처벌하기 위해 범죄 혐의 사실들을 확인하는 조사였다2~5회, 7회, 9~11회.

안중근은 이 두 계통의 신문에 치열하게 맞서 싸웠다. 안중근의 조사를 담당했던 관동대장은 아래와 같이 보고하였다.

> 흉행자 안응칠은 공작에 위해를 가한 이유를 물으면 통감정치를 비방하고 언어가
> 매우 명석하며 순서가 있으나 이에 반해 자기의 경력 등을 신문하면 요령을 얻을 수
> 없다. 요컨대 장사배壯士輩의 주령主領으로 추정된다.

이토를 저격한 이유, 통감정치의 폐해 등을 묻는 신문에는 매우 당당하고 조리 있게 진술하는 반면, 본인의 신상, 범행 공모지, 범행 공범자 등을 추궁하는 신문에는 허위 진술로 일관하여 도무지 종잡을 수가 없다는 것이다. 계속된 신문 과정에서 안중근은 일본 측의 말도 안 되는 논리에는 명확한 언변으로 반박하고, 동지들의 신변에 위해가 될 수 있는 질문에는 흐리게 답함으로써 그들을 보호했다.

03

치열한 공방 – 검찰관과 안중근의 우문현답愚問賢答

안중근의 공판 투쟁은 교육·식산 운동1906~1907과 의병투쟁 1908의 흐름을 계승, 집대성한 새로운 형태의 독립운동이었다. 안중근이 검찰관과 벌인 논쟁은 크게 두 가지 문제를 둘러싸고 전개되었다. '통감통치에 대한 평가'와 '하얼빈 거사의 성격'이다.

먼저 '통감통치에 대한 평가'를 둘러싼 논쟁을 살펴보면 다음과 같다. 검찰관은 한국은 독립 자위自衛할 능력이 없기 때문에 일본이 통감통치를 통해 보호해 주고 있다

▲ 119_미조부치 다카오 검찰관

▲ 120_검찰에게 신문받는 안중근 의사

▼ 121_남산 기슭, 통감부 전경

는 '보호독립론'과 한국을 그대로 내버려두면 진보하지 않으므로 문명국 일본이 한국의 문명화를 지도 · 계발하고 있다는 '문명개화론'을 주장했다.

이에 맞서 안중근은 통감통치는 동양의 평화를 해치는 것이며, 한국의 독립 자위에도 전혀 도움이 되지 않는다고 반박했다. 또한 문명개화론에 대해서도 국권을 침탈당하는 가운데 진행되는 문명개화는 '일본의 문명개화'일 뿐 '조선의 문명개화'는 아니라고 주장했다. 안중근이 생각하는 문명사회는 각국이 자주 독립하며 평화롭게 공존 공생하는 도덕사회였다. 따라서 그는 '문명'의 이름으로 침략과 정복을 일삼는 침략주의적 문명개화론에 결코 동의할 수 없었다.

'하얼빈 의거의 성격'에 대해서는 크게 '오해론 대 국적론', '살인론 대 의전론'으로 대립해 논쟁을 이어갔다. 검찰관의 어리석은 주장에 대한 안중근의 현명한 답변을 상세히 살펴보기로 하자.

1) 오해론 vs 국적國敵론

이토 히로부미에 대한 평가는 하얼빈 거사의 성격을 가늠하는 중요한 잣대가 된다. 검찰관은 안중근이 이토를 오해해 개인적인 감정에서 살해한 것이라는 '오해론'을 편 반면, 안중근은 이토는 국권을 탈취한 조선의 원수, 즉 '국적國敵'이라고 반박했다.

먼저 검찰관의 주장부터 들어보자. 검찰관은 이토는 일본 개국사상 가장 뛰어난 인물로 일본을 중흥시킨 명치유신 제일의 원훈元勳이라고 주장했다. 이토는 쓰러져 가는 한국을 바로 세우기 위해 충성을 다했으며, 한국을 위해 살신위인殺身爲仁하는

지사요, 인인仁人이라고 했다. 한국의 은인인 이토를 죽인 것은 세계정세에 어두운 나머지 이토를 오해했기 때문이며, 안중근의 행동은 이토가 젊었을 때 맹목적으로 서양 세력을 배척해 벌인 배외排外 운동과 크게 다르지 않다는 것이다. 안중근의 이토 사살은 오해에서 비롯된 것으로 개인적인 원한이 빚어낸 반인도적인 살인이라는 것이 검찰관이 내린 최종 결론이었다.

▲ 122_을사늑약 체결 자축연

이에 맞서 안중근은 "검찰관이나 변호인의 변론을 들으니 모두 이등의 통감으로서 시정 방침은 완전무결한데 내가 오해하고 있다는 것이었지만 그것은 부당하다. 나는 (이등을) 오해하고 있는 것이 아니고 도리어 너무 잘 알고 있다"고 반박했다. 이토는 조선의 국권 찬탈을 진두지휘한 국적이라는 것이다. 안중근이 이토를 국적으로 생각하는 까닭은 신문 과정 중 그가 언급한 이토의 죄상 15개 조에 잘 드러나 있다. 안중근이 밝힌 이토의 죄목은 크게 다음의 세 가지다. '국권 찬탈', '경제권 침탈 및 교육권 박탈', '무고한 한국인을 학살한 학정虐政'이다.

▶ 123_안중근 의사

2) 살인론 vs 의전義戰론

거사 직후 하얼빈 일본 총영사관에서 진행된 첫 신문에서 검찰관은 안중근을 '동양의 의사義士', '충군애국의 사士'라고 호칭하며 깍듯하게 예우했다. 이 때문에 안중근은 이감된 여순감옥에서도 극진한 대우를 받을 수 있었다.

> 미조부치 검찰관이 다 듣고 난 뒤에 놀라면서 말했다. "지금 진술하는 말을 들으니, 당신은 참으로 동양의 의사라 할 수 있겠습니다. 당신은 의사이니까 절대로 사형받지는 않을 것이니 걱정하지 마시오."

그러나 12월 중순경부터 검찰관의 태도가 돌변했다. 이전의 공손하던 태도는 온데간데없고 안중근을 압제壓制하고 능욕하기까지 했다. 이와 같은 위압적인 분위기 속에서 검찰관은 이토 저격은 개인적 원한에서 저지른 살인 행위라는 '살인론'을 제기했다. 안중근을 이토를 살해한 천박 무지한 흉악한 테러범이자 암살범으로 몰아가기 시작한 것이다.

검찰관의 살인론은 안중근을 형사피고인으로 격하시킴으로써 그를 도덕적으로 제압하려는

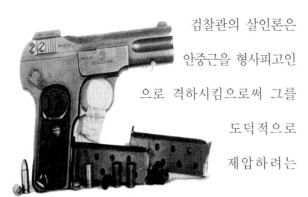

▲ 124_하얼빈 의거에 사용된 권총

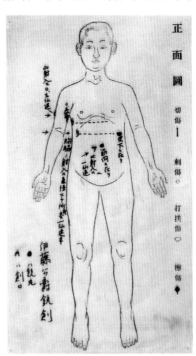

▲ 125_이토 히로부미 검시도면

의도에서 비롯된 것이었다.

이에 따라 검찰관의 신문 내용도 "천주교인이 사람을 죽여도 되는가?" 하는 도덕적 · 종교적인 문제로 바뀌었다. 검찰관은 다음의 세 가지 입장에서 안중근을 집중 추궁했다. 첫째, 안중근이 이토를 죽인 것은 인명을 빼앗은 암살이다. 둘째, 암살은 반인도적인 범죄 행위다. 셋째, 안중근이 사람을 함부로 살해한 것은 무지無知 편협하기 때문이다. 검찰관은 천주교인이 사람을 죽이는 것은 죄악이고, 인도에 반하는 행위이며, 빌렘 신부가 개탄한 것처럼 인도나 교지敎旨에 반하는 범죄라고 안중근을 몰아세웠다.

검찰관의 살인론에 안중근은 '의거론'으로 맞섰다. 살인은 물론 죄악이지만 다음의 경우에는 정당화될 수 있다는 것이다. 무고한 생명을 앗아간 포악한 자를 응징하는 경우, 그리고 무고한 생명을 보호하기 위한 경우다.

이후 안중근은 이를 '의전론'으로 한 단계 더 발전시켰다. 안중근은 "(이등 사살은) 동양 평화를 위한 의전義戰을 하얼빈에서 개전한 것"이라고 하였다. 이토를 사살한 것은 조선의 독립과 동양의 평화를 위해 수행한 정의로운 독립전쟁, 즉 의전이라는 주장이다. 자신은 개인적으로 이토를 살해한 살인범, 즉 형사피고인이 아니라 이천만 동포를 대신해 독립전쟁의 일환으로 특공 작전을 수행해 이토를 사살하고 포로가 된 독립군이라고 주장했다. 그는 이 의전론에 의거해 이토를 죽인 것은 그의 정책을 오해했기 때문이라는 오해론도 일축했다.

이렇게 안중근은 이토 저격이 조선 독립과 동양 평화를 위한 정의로운 독립전쟁이었다는 의전론을 개진함으로써 검찰관이 주장하는 오해론과 살인론을 효과적으로 분쇄하고 하얼빈 거사의 정당성을 설득력 있게 주장할 수 있었다. 안중근은 이토 사살을 독립전쟁과 연결시킴으로써 하얼빈 거사의 역사적 의의를 극대화시켰다.

▲ 126_대한독립 혈서와 안중근 의사

04 재판은 정치적 쇼였다

1. 졸속으로 진행된 재판

안중근에 대한 공판은 1910년 2월 7~14일간 여순 관동 법원에서 진행되었다. 마나베 주조 재판장 단독 심리에 미조 부치 검찰관, 통역 소노키 스에요시園木末喜, 서기 와타나베 료이치渡邊良一로 재판단이 구성되었다. 그리고 안중근에게는 일본 인 관선 변호사 가마타鎌田, 미즈노水野의 변호만 허락되었다.

▲ 127_가마타 변호사

국내 유지들과 안중근의 모친이 보낸 변호사 안병찬安秉瓚과 통역 고병은高秉殷, 연해주 한인이 파견한 러시아 변호사 미하일로프C. P. Mihailov와 상하이에서 온 영국인 더글러스 J. E. Douglas 및 그 밖의 외국인 2명의 변호 신청은 당초 약속과 달리 모두 불허되었다. 처음에 일본은 한국인 및 외국인 변호사의 변호를 허락하는 듯했다. 그러나 시종 당당하게 대응하는 안중근의 모습에 놀 라 태도를 바꾸었다. 결국 안중근은 일본인 일색으로 진행된 명백한 편파 재판을 받게 되었다.

▲ 128_미즈노 변호사

안중근은 이런 상황에서도 시종 당당한 논리와 주장으로 의거 이유와 의의를 개진하였다. 그때마다 번번이 제지를 받았지만, 그는 자신의 뜻을 조금도 굽히지 않고 하얼빈 의거가 자신을 위한 것이 아니라 조국의 독립과 동양 평화를 위한 것이었음을 주장했다.

안중근에 대한 공판은 단 6회로 끝났다.

제1회 공판   2월 7일
제2회 공판   2월 8일
제3회 공판   2월 9일
제4회 공판   2월 10일
제5회 공판   2월 12일
제6회 공판   2월 14일

각 공판별로 간략히 정리해 보면 제1~3회 때는 안중근을 비롯한 우덕순·조도

▼ 129_여순 관동법원

▲ 130_안중근을 공판정으로 호송하는 마차

선·유동하에 대한 신문이 있었고, 제4회 때는 미조부치 검찰관의 일본법에 의한 구형 논고와 그 이유에 대한 설명이 이루어졌으며, 제5회 때는 달갑지 않은 일본인 관선변호사의 변론이 있었다. 그리고 2월 14일에 진행된 제6회 공판정에서 마나베 재판장은 안중근에게 사형을 언도했다.

▼ 131_법원 도착 장면

2. 정해진 결과, '사형'

안중근은 결국 사형을 언도받았다. 그러나 이 결과는 재판이 시작되기 한참 전에 이미 결정된 것이었다. 일본은 안중근의 의거가 자신들이 곧 단행하려고 하는 '한일합병'에 미칠 부정적인 영향을 우려했다. 이에 검찰관의 신문이 본격적으로 시작되는 11월 14일 이전에 이미 일본 정부와 여순 관동법원은 안중근 처형을 위한 정치적 조율을 하고 있었다.

구라치 테츠키치倉知鐵吉 정무국장은 11월 13일 안중근의 처리와 관련된 정부의 공식 입장을 밝혀 줄 것을 요구하는 극비의 전보를 고무라 외무대신에게 보냈다. 이 전보문에서 구라치 테츠키치는 "안중근을 중형에 처해야 하나 사리私利에서 나온 것이 아니므로 무기형에 처할 가능성도 있다"는 법원의 분위기를 전달하면서 "정부의 희망사항을 법원에 직접 전달할 터이니 내시內示를 바란다"고 하였다.

▼ 132_여순 관동법원 공판정

이에 12월 2일 고무라 외무대신은 답신을 보내 "안중근의 범행은 지극히 중대하므로 징악懲惡의 정신에 거하여 극형에 처해야 한다"는 정부의 공식 입장을 전달하였다. 이것도 모자라 관동도독부 고등법원장 히라이시 우지히토平石氏人를 본국으로 소환해 '사형 판결'을 위한 공판 개정 다짐까지 받았다. 의거 이후 36일 만의 일이었고, 공판 개시를 2개월 하고도 7일이나 앞두고 내려진 결정이었다.

일본 정부와 여순 관동법원이 안중근을 사형에 처하기로 사전에 정치적 밀약을 마친 상태였기에 애초부터 공정한 재판은 기대하기 어려웠다. 안중근의 공판은 사실상 정치적 쇼에 불과했다.

제5회 공판에서는 일본인 관선변호사의 변론이 있었다. 당시 관선변호사의 변론에 대해 안중근은 다음과 같이 기록하고 있다.

> 그 다음 날 미즈노와 가마타 두 변호사가 다음과 같은 변론을 했다.
> "피고의 범죄는 분명하고 의심의 여지가 없으나, 그것은 오해에서 비롯된 일이므로 그 죄가 중대하지는 않습니다. 더구나 한국 인민에 대해서는 일본 사법관에 관할권이 없습니다."
> 나는 다시 다음과 같이 반론을 제기했다.
> "이토의 죄상은 천지신명과 사람들이 모두 다 아는 일인데 오해는 무슨 오해란 말인가? 더구나 나는 개인으로 사람을 죽인 범죄인이 아니다. 나는 한국과 일본이 전쟁을 하는 도중에 대한국 의병 참모중장의 의무를 다하기 위해서 하얼빈에 와서 공격을 가한 후에 포로가 돼 지금 이곳에 오게 된 것이다. 여순 지방재판소와는 전혀 상관이 없는 일이니, 만국공법과 국제공법으로 나를 판결해야 한다."
> 이때 시간이 다 돼 재판관은 모레 다시 개정해 선고를 하겠다고 말했다. 나는 혼자 생각했다. '모레면 일본국 4,700만 인구의 인격을 저울질해 볼 수 있을 것이다. 그들의 인격이 무거운지, 가벼운지, 높은지, 낮은지 지켜보리라.'
> — 『안응칠 역사』

안중근은 자신은 일본과의 전쟁 중에 포로로 잡혀온 것이니 만국공법과 국제공법에 따라 판결해야 한다고 주장했다. 하지만 이러한 그의 외침에도 1910년 2월 14일 제6회 공판에서 일본 정부가 한참 전에 정해 놓은 대로 '사형'이 선고되었다. 이때 우덕순은 징역 3년, 조도선과 유동하는 각기 징역 1년 6개월을 선고받았다.

안중근은 사형 선고에도 "일본에는 사형 이상의 형벌은 없는가?"라고 반문하며 안색에 전혀 미동도 없이 의연한 모습을 보였다.

▼ 133_여순 관동법원 재판 광경

안중근의 재판을 지켜본 영국 기자 찰스 모리머는 다음과 같이 재판 상황을 묘사하고 있다. 그는 사형 판결을 받은 안중근의 당당한 모습을 사실적으로 전달해 준다. 영국 화보신문『그래픽The Graphic』1910년 4월 16일자에 실린 기사의 전문을 보면 다음과 같다. 독자의 편의를 위해 소제목을 달았다.

▲ 134_『그래픽』 신문기사 원본

일본식의 한 '유명한 재판 사건'
−이토 공작 살해범 재판 참관기−

찰스 모리머

1. '유명한 재판' 준비

일본인들은 이토 히로부미 공작의 살해범을 법정에 세움에 있어서 전 세계의 이목이 그들에게 집중되어 있다는 사실을 잘 알고 있었다. 그들은 이 재판이 단순히 한 '유명한 재판 사건' 이상이라는 것도 잘 알고 있었다. 이 재판은 이 암살사건에 연루된 범죄자들에 대한 재판일 뿐만 아니라 일본의 현대 문명이 재판을 받는 하나의 시험 케이스이기 때문이었다.

이런 이유에서 일본정부 당국이 이 재판의 진행에 아주 세세한 부분에까지 대단한 주의와 준비를 하였다는 사실은 놀랄 일이 아니다. 담당 검사와 실무자들은 그간 증거의 수집, 목격자들의 조사, 그리고 살해 동기의 점검과 재점검에 석 달을 소비하였다.

▼ 135_안중근, 우덕순, 조도선, 유동하의 뒷모습(고마츠 모코토 山松元素 그림)

그 비극이 일어난 직후 이미 현장조사가 있었으며, 그것은 이 엄청난 사건이 가져오는 어쩔 수 없는 흥분에 대처하는 일본정부 당국의 자제력이 얼마나 강한가를 보여주기라도 하듯이 조용하게 그리고 공정하게 진행되었다. 소문내기 좋아하는 신문은 이들에게 태형과 손톱 제거와 같은 가혹한 고문이 가해졌다는 보도를 하기도 했지만 실제로는 이와는 달리 법이 허락하는 범위 내에서 최대한의 자비가 베풀어졌다. 이들에게는 난방이 잘되는 감방과 비교적 좋은 식사가 제공되었으며, 이들은 인간적인 대우와 신문을 받았다.

주범 안중근의 동지들은 그를 변호하기 위하여 상해로부터 영국인 변호사 더글러스 씨를 선임하여 보냈으며, 이 변호사는 그 유명한 영국 해군제독 아치발드 더글러스 경의 아들이기도 했다. 피고는 통역을 통하여 이 외국인 변호사와 이야기할 수 있도록 허락되었다. 그가 외국인 변호사에게 한 최초의 말은 다음과 같다. "나의 동지들에게 나의 감사의 말과 안부를 전해 주시오. 지금까지 나는 나의 동지들이 나를 잊어버린 줄로

▼ 136_호송마차와 공판 장면

생각했다오." 무대 위에 올라 잠시 반짝 세계적인 명사가 되었다가 사라지는 모든 폭력적 혁명가들과 정치적 암살범들이 그렇듯이 이 피고인이 두려워하는 것도 사람들의 마음에서 멀어지고 망각 속으로 가라앉는 것이었다.

2. 첫 공판의 풍경

재판은 2월 7일 오전 9시가 지나서야 시작되었다. 그리고 이 재판이 열린 곳은 극동의 한 도시 항구 여순으로, 일본이 이 사건의 극적 효과를 높이기 위하여 신중하게 의도적으로 선택한 곳이었다. 이 유명한 요새로 된 작은 도시의 황량하기 그지없는 언덕배기에 위치한 크지도 않고 작지도 않은, 위압적이지도 않고 초라하지도 않은, 한 건물 안에 마련된 법정에는 판사, 검사, 그리고 통역을 담당한 사람들이 그들의 등을 벽 쪽으로 향한 채 긴 테이블에 함께 앉았으며, 이들 앞에 죄수들이 서서 이들의 질문에 직접

▼ 137_재판관·검사·통역관·변호사 삽화

대답하도록 되어 있었다. 그 뒤에는 변호인들을 위한 좌석이 마련되어 있었다. 오른쪽에는 경비 헌병들이 앉을 등받이가 없는 걸상들, 그리고 이들 바로 왼쪽에는 죄수들이 앉을 벤치가 놓여 있었다. 그리고 칸막이 뒤에는 일반인들의 방청석이 마련되어 있었다.

여러모로 보아 이 재판은 독일 법정을 모델로 진행되었다. 그도 그럴 것이 일본의 형법은 독일의 형법을 그대로 베낀 것이기에 어쩌면 당연한 일이었다. 그러나 자세히 들여다보면 원본과 카피 사이에는 분명 약간의 차이는 있었다. 예를 들어 법관들은 프랑스 판사들처럼 가운을 입었고 머리에는 모자 비슷한 것을 썼는데 이런 의상이 가져오는 서양식 위엄은 의상실에서 옷을 갈아입고 구태여 구두를 벗어 놓고 일본식 게다 나막신를 신고 등장함으로써 상당 부분 깨졌다. 세상에 비록 그 사람이 제아무리 유명하고 뛰어난 사람이라 하더라도 신발을 질질 끌고 걸어간다면 결코 좋은 인상을 줄 수 없다. 더구나 관련 기록 서류를 푸른 무명 보자기에 싸서 들고 다닌다면 그 위엄과 권위는 손상될 수밖에 없다. 그러나 전체적으로 보아 이런 정도의 차이는 미미한 것이며, 속기사들과 통역사들조차 제복을 입고 있는 이 법정의 엄숙한 분위기를 심각하게 손상시키는 것은 물론 아니었다.

암살범 안중근과 세 사람의 공범들은 낡고 더럽고 딱딱한 죄수 호송마차에 실려 감옥에서 법정에 도착하였다. 이들은 법정에 들어서자 자기들을 위하여 마련된 벤치에 앉았다. 무거운 정적이 법정을 지배하였다. 온순한 동양인 방청인들은 너무나 얌전한 나머지 이 사건에 대하여 가타부타 일체 사사로운 의견을 표시하지 않았다. 만약에 누군가가 그런 시도를 했다면 제복을 입은 헌병에 의하여 즉시 제재를 받았을 것이다. 이 특별한 법정 경비원에게는 이 역사적인 재판의 권위와 공정성을 훼손하는 어떤 행위도 용납해서는 안 된다는 엄격한 지시가 내려져 있었으며, 경비원들은 이 지시를 글자 그대로 엄격하게 실행하였다. 방청객들 가운데 혹시라도 어떤 비 일본인이 앉아 있다가 무심코 다리를 꼬기라도 한다면 그는 즉시 엄중한 질책을 받았고 방청석 밖으로 끌려나갔다.

3. 안중근 – 나도 말 좀 합시다

사건 담당 검사는 우선 비극의 개요를 설명함으로써 재판을 시작했다. 그는 안중근에 대해서는 일급 살인범으로, 그리고 그의 동료이자 공범으로 체포된 다른 두 사람, 우씨우씨는 우덕순, 조씨는 조도선, 유씨는 유동하를 각각 가리킨다.와 조씨에게는 살인미수 혐의를 적용했다. 이 두 사람은 안중근에 앞서 이토 공작을 채가구역에서 살해하려고 했지만 러시아 철도 경비원들의 감시 때문에 계획을 포기해야만 했다. 그리고 또 한 사람의 공범 유씨는 이들과 은밀한 접촉을 하고 서신을 전달한 혐의로 기소되었다.

검사가 그간 준비된 빈틈없는 증거의 그물을 가지고 이들 하나하나의 범죄 행위를 엮어 가는 동안 이 네 사람은 동요하는 빛이 없이 조용히 앉아 있었다. 그들에게 모든 사람들의 시선이 집중되어 있었지만 안중근에게 특히 더 그랬다. 그는 좀 지루하다는 표정이었다. 그의 일관된 요구는 "나에게도 말할 기회를 주시오. 나도 말 좀 합시다. 나에게도 할 말이 많소"였다.

▼ 138_공판 장면

드디어 검사의 사건 설명이 끝나고 안중근에게 말할 기회가 주어지자 그의 입에서는 즉시 애국적 열변이 터져 나왔다. 법정의 분위기나 사정을 전혀 의식하지 않고, 그와 같은 그의 발언이 청중들에게 과연 어떤 효과를 가져 올 것인가에 대하여는 아랑곳없이, 그는 어떻게 한국이 그동안 일본에 의하여 억압을 받았으며, 그 억압의 주인공이 바로 이토 공작이라고 열변을 토하였다. "이토 공작이 있는 한 나의 조국은 영구히 멸망할 것이오. 이것은 나의 의견일 뿐만 아니라 내가 만나 본 한국인 모두의 의견이며, 심지어 한국의 농부와 시골에 사는 사람들의 의견이오."

신기한 사실은 이들 가운데 아무도 정작 일본인들 전체를 비난하거나 일본인들이 자기 나라의 국토를 점령하고 있다는 사실에 대해서는 분노를 터뜨리지 않았다는 것이다. 이 모든 불행이 이토 공작 때문이고, 이토 공작의 음모요, 이토 공작의 책략이요, 이토 공작의 야심 때문이라는 것이었나. 누가 이 불화를 가져왔는가? 이토. 일본인들에 대한 봉기의 원인은 무엇인가? 이토. 한국이 일본 천황에게 보낸 국서를 중간에 가로챈 사람이 누구인가? 이토. 안중근 씨의 주장을 경청하다 보면 이토 히로부미야말로 한국의 자유를 말살한 무자비한 독재자일 뿐이었다.

그런데 여기에서 판사가 지금까지 이런 종류의 재판에서 선례가 없는 아주 이상한 행동을 하였다. 그것은 일반 일본인들이 이 범죄자에 대하여 느끼고 있는 대단한 존경심을 역으로 보여주는 한 단면이기도 하였다. 살해당한 일본의 정치가에 대한 기억은 일본인들에게 고귀한 것이었으며 이것은 결코 더럽혀질 수 없는 것이었다. "당신이 계속 이런 발언을 한다면……." 판사는 엄숙하게 안중근에게 말했다. "우리는 이 법정에서 방청인들을 모두 퇴장시킬 수밖에 없소."

그러나 이 경고를 의도적으로 묵살하는 것인지, 아니면 너무 흥분해서 그런지 안중근의 말은 막힘없이 강물처럼 흘러나왔다. 할 수 없이 판사는 그가 경고한 대로 할 수밖에 다른 도리가 없었다. 그는 법정 경비 헌병들에게 방청인 모두의 퇴장을 명하였다. 방청인들은 명령대로 조용히 법정에서 빠져나갔다. 그러나 안중근은 텅 빈 법정의 벽과 아무런 감정을 보이지 않는 법관들과 통역인들, 그리고 함께 기소된 공범들의 귀에다가 금지된 연설을 폭포처럼 쏟아냈다.

다음 날에는 방청인들의 입장이 다시 허용되었으며 이 자리에서 검사는 사건의 전모를 요약하였다. 일본정부 당국은 이 암살사건의 전모를 부득이한 경우를 제외하고는 가능한 한 만천하에 공개하기를 원하고 있었다.

4. 안중근은 강직한 성격의 소유자

드러난 증거에 의하면 이토 공작의 암살사건은 사람들이 생각했던 것처럼 사전에 엄청난 규모의 음모가 있었던 것은 아님이 분명했다. 왜냐하면 그간 진행된 철저한 수사와 신문에도 불구하고 일본 당국은 현재 진행되고 있는 한국에 대한 일본정부의 정책을 송두리째 무너뜨리려는 한국인 불순분자들의 벌집을 이번 사건을 계기로 뿌리째 들어내려던 계획에 실패하였기 때문이다. 현재 한국인들은 가슴속에 불만이 가득한 듯했다. 그러나 그 불만이 어떤 조직적인 것은 못 되는 것 또한 분명했다.

지금까지 드러난 암살범의 성격이나 주변 상황으로 보아 이 암살은 어느 누구의 사주에 의한 것이 아님이 분명하며, 그가 자신의 계획을 거사 이전에 누구에게 알려 준 사람이 있다면 그 사람은 현재 공범으로 체포되어 재판을 받고 있는 우씨 한 사람뿐이었다. 우씨 이외에 조씨와 유씨라는 다른 두 공범들조차도 막연하게 무슨 일이 진행되고 있다는 감만 가지고 있었다. 조씨가 이 음모에(이 사건을 과연 음모라고 말하는 것이 옳은 일인지도 확실하지 않지만) 가담하게 된 것은 순전히 그가 러시아어를 할 줄 아는 사람이었기 때문이었다. 안중근은 처음부터 이 조씨를 신뢰하지 않았다. 그것은 "조씨가 이미 한국을 떠나 러시아 영토에서 13년간 살고 있었기 때문"이라고 안중근은 불신의 이유를 밝혔다. 고로 공범 조씨는 단순한 도구에 불과한 사람이었다. 유씨라는 공범은 단지 한 소년에 불과했다. 학교에도 다니지 못한 어린 소년으로 그저 편지 전달하는 일에나 적합한 인물이었으며, 이 일마저도 제대로 해낼 수 없어 보이는 소년이었다.

안중근은 달랐다. 그는 강직한 성격을 소유한 사람이었다. 그가 약점을 보인 곳은 그의 성격이 아니라 공범 우씨를 신뢰한 그의 판단력이었다. 우씨는 가난하고 우유부단

한 사람으로서 열쇠공, 수금원, 담배장수 등 안 해 본 일이 없는, 어떤 한 가지 직업에 오래 붙어 있지 못하는 그런 인물이었다.

이 재판의 결말은 이미 정해져 있었다. 안중근의 무죄를 증명하는 것은 처음부터 불가능한 일이었다. 변호인 측에서 바랄 수 있는 것이 있다면 그것의 형량을 줄여 보는 일뿐이었다. 모든 범죄의 변호에서 가능하듯이 이 사건의 변호에도 사용할 수 있는 논리의 하나는 형법의 기본 정신에 호소하는 것뿐이었다. 그것은 '잘못된 동기론'이었다.

일본인 변호사 미즈노는 다음과 같은 변론은 전개하였다. "재판장님, 이 교육도 받지 못했고 잘못된 사상으로 불타고 있는 나라에서 태어난 이 사람들에게 동정심을 보여 주시기 바랍니다. 정 동정도 할 수 없고 용서도 할 수 없다면 이 사람들의 생명을 빼앗는다는 것이 결코 대일본제국의 형법 정신을 실현시키는 일이 아니라는 사실을 상기해 주시기 바랍니다. 다시 말해서 형사 저벌의 목적은 다른 사람들이 같은 범죄를 또나시 저지르는 일이 없도록 하는 데 있다는 형법의 기본 정신 말입니다."

5. 사형 판결_영웅의 왕관을 손에 들고 늠름하게 법정을 떠나다

2월 14일 월요일, 마침내 이 죄수들은 선고를 받기 위하여 검정색 죄수 호송마차에 실려 마지막으로 법정에 도착하였다. 예상한 대로 안중근에게는 사형이 언도되었다. 살해당한 이토 공작도 이와 같은 극형은 결코 바라는 바가 아닐 것이라는 한 변호인의 탄원이 있었지만 묵살되었다.

우씨에게는 3년 징역에 중노동이, 조씨와 유씨에게는 각각 18개월의 징역형이 선고되었다. 형을 선고받은 피고들의 모습은 각자 특색이 있었다. 나이 어린 유씨는 가련하게 울먹였다. 조씨는 좀 나았다. 우씨는 잃었던 침착성을 되찾은 듯 아무도 원망하지 않았다.

안중근은 달랐다. 기뻐하는 모습이 역력했다. 그가 재판을 받는 동안 법정에서 자신의 정당성을 주장하는 열변을 토하면서 두려워한 것이 하나 있었다면 그것은 혹시라도 이 법정이 오히려 자기를 무죄 방면하지나 않을까 하는 의심이었다. 그는 이미 순교자가 될 준비가 되어 있었다. 준비 정도가 아니고 기꺼이, 아니 열렬히, 자신의 귀중한 삶을 포기하고 싶어 했다. 그는 마침내 영웅의 왕관을 손에 들고 늠름하게 법정을 떠났다.

　일본정부가 그처럼 공들여 완벽하게 진행하였으며, 현명하게 처리한 이 세상을 떠들썩하게 만든 일본식의 한 '유명한 재판 사건'은 결국 암살자 안중근과 그를 따라 범행에 가담한 잘못 인도된 공범들의 승리로 끝난 것은 아닐까.

— 번역 이창국(중앙대 명예교수)

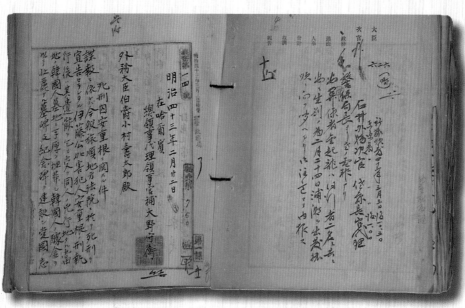

▲ 139_기밀 제14조(안중근 사후 처리에 관한 건)_일본외교사료관

「미조부치 검찰관, 구라치 테츠키치 정무국장, 사카이 키메이 경시의 안중근 신문 일람표」

신문인	회수	일시	신문 사항	비고
판사 스트라조프/ 검사 밀레르	1회	1909. 10. 26.	인적 사항(성명, 족적族籍, 출생지 및 재적지, 연령, 현 주소, 가족관계, 재산, 국적, 신교, 직업)	- 러시아 국경지방재판소 제8구 시심 재판소에서 신문 - 인적 사항 허위 진술 - 단독 범행임을 강조
하얼빈 일본 총영사관 관리	2회	10. 26.	내용 미상	하얼빈 일본 총영사관에서 신문
미조부치 검찰관	1회	10. 30.	인적 사항(성명, 연령, 신분, 직업, 주소, 본적지, 출생지)/ 이토 사살 이유(이토 죄상 15조)/ 이토 공적을 둘러싼 공방)/ 정치사상 형성 배경/ 천주교 세례/ 장인환과의 관계/ 공모지/ 김여수, 방사첨, 이등방, 이진옥, 정서우, 우덕순과의 관계	- 하얼빈 일본 총영사관에서 첫 신문 - 인적 사항 허위 진술 - 이토 저격의 정당성을 둘러싼 이념 논쟁(1차) - 공모지는 함경북도 부녕이라 허위 진술
구라치 테츠키치 정무국장	1회	11. 2.	부녕, 간도 사이를 왕복 활동한 경로/ 조도선, 유강로(본명 유동하), 우덕순과의 관계	아카이시明石 元二郎 참모장 입회하에 관동도독부 경찰서에서 신문
검찰관	2회	11. 14.	가족관계/ 교육 정도/ 외유지역/ 교우/ 삼합의 석탄회사/ 평양 출발 시점과 망명길/ 교유 인사/ 일본 헌병과 수비대와 전쟁/ 방문한 지역/ 교제 인사/ 단지/ 이치권, 김성백, 유동하, 우덕순, 조도선과의 관계/ 블라디보스토크에 온 경로/ 『대동공보』와 관계	- 관동도독부 여순감옥서에서 신문 (이하 동일) - 가족관계와 교육 정도를 사실대로 밝힘 - 부녕, 경흥, 포시에트를 거쳐 블라디보스토크에 왔다고 허위 진술
검찰관	3회	11. 15.	「장부가」 작성 경위/ 대동공보사 이강에게 보낸 편지/ 유동하, 우덕순과 공모 여부/ 유동하와 대질/ 아우(정근, 공근)에게 보낸 편지/ 대동공보사 이강 및 정대호, 김성옥, 김형재, 김여수, 김성백 등과의 관계	우덕순과의 공모를 부인, 단독 범행임을 거듭 주장
검찰관	4회	11. 16.	우덕순이 노래를 지었는지 여부/ 대동공보사에 보내는 편지를 유동하에게 건네준 까닭/ 유동하ㆍ우덕순과의 공모 여부	

검찰관	5회	11. 18.	우덕순, 유동하와 대질신문/ 공모한 지역/ 이강과의 관계/ 재산 소유 정도/ 집에 보낸 편지/ 최봉준과의 관계/ 직업	의병 출신임을 최초로 밝힘
검찰관	6회	11. 24.	최재형(최도헌), 이범윤과의 관계/ 의병 활동/ 블라디보스토크로의 출발지/ 이념 논쟁/ 단지동맹	- 청일·러일 전쟁, 보호 정치, 이토의 공훈 등을 둘러싼 이념 논쟁 (2차) - 단지동맹을 처음으로 시인
검찰관	7회	11. 26.	『해조신문』에 투고한 글(1908.3.22.)/ 대동공보사와의 관계/ 한일협약/ 헤이그 평화회의	검찰 조사 일단락
사카이 키메이 경시	1회	11. 26.	망명을 떠난 까닭/ 블라디보스토크로 간 경로/ 의병 활동/ 이범윤, 최재형과의 관계/ 대동공보사와 이강과의 관계/ 서북학회, 안창호와의 관계	- 경찰 신문 시작 - 부녕을 출발해 경흥, 연주, 포시에트, 블라디보스토크를 거쳐 하얼빈에 왔다고 진술
경시	2회	11. 27.	의병 활동/ 대한협회/ 김기열, 윤치종, 홍치범, 이명남, 김기룡 등과의 관계/ 『대동공보』의 미하일로프와의 관계/ 공립회/ 세례/ 단지동맹/ 엄인섭, 김태훈, 이범윤, 최봉준, 최재형, 유진률, 유동열, 이갑, 안창호, 노백린, 김달하, 양기탁, 이상설, 유인석, 한형권, 이강 등과 의병 활동과의 관계	
경시	3회	11. 29.	최재형, 김기열과의 관계/ 의병 출신/ 이범윤, 김시룡, 엄인섭, 홍치범, 홍범도와 의병 활동과의 관계/ 이상설, 전명운, 이위종과의 관계/ 의병 활동비 모금/ 한인 변호사 선임 요청	
경시	4회	12. 1.	엄인섭/ 하얼빈을 거사 장소로 택한 것이 노인(老人)의 동정을 받을 것이라는 기대에서 한 것은 아님	
경시	5회	12. 2.	부녕 회합자(안중근, 홍치범, 윤치종, 김기열, 이명남)/ 『해조신문』과 『대동공보』/ 홍범도, 엄인섭/ 『대동공보』와의 관계/ 이강에게 보낸 편지/ 임치정과의 관계/ 공립협회와의 관계/ 인물평	- 국적 : 이완용(거괴), 박제순, 이근택, 조중응 - 충신 : 허 위, 민긍호, 이강년, 최익현, 박영효, 홍범도 - 지사(의사, 유지가) : 박정빈, 이상설, 안창호, 이갑, 양기탁, 장지연, 최재학 - 은인 : 배설, 헐버트

경시	6회	12. 3.	동양평화론 진술/ 블라디보스토크의 이치권 댁에 머물며 이토 살해를 결심/ 단지동맹	- 사카이 키메이가 통감부 고위 관리임을 파악 - 지금까지의 진술이 허위임을 실토 - 단지동맹인 명단 12명 밝힘
경시	7회	12. 4.	블라디보스토크에 오기 전 연추에 1개월 머묾/ 거사 자금 100원은 이대장에게서 얻음/ 불가사의한 일 네 가지/ 블라디보스토크에 가장 오래 머묾/ 거사 성공 시 보수금 약속/ 이토 살해 전날 꾼 꿈/ 정재관과의 관계	
경시	8회	12. 5.	블라디보스토크에서 소왕령까지 열차를 바꿔 탄 이유/ 50원을 하얼빈 김성백에게 차용 신청한 이유/ 50원을 차용할 방도를 대동공보사 기자 이강에게 강구한 연고/ 「사세가辭世歌」를 『대동공보』에 기서한 일/ 『대동공보』 사장 노위露人 미하일로프가 변호인이 될 것을 지원한 일/ 이강의 근황	
경시	9회	12. 6.	의병 활동/ 강동에서 교육 사업의 필요성/ 이범윤과 의병 활동과의 관계/ 동의회/ 유인석, 이범윤, 이위종, 박정빈 등의 근황	의병 활동 경력을 소상히 진술
경시	10회	12. 9.	블라디보스토크 이대장의 숙소/ 이대장의 이름은 이석산/ 이강에게 보낸 편지	
경시	11회	12. 1. 1.	단지동맹에 대한 추가 진술/ 단지동맹의 성격/ 이토 살해는 동양 평화를 위한 것/ 의병 활동은 이토 정책에 열복하지 않음을 알리기 위한 수단	
경시	12회	12. 17 ~24.	미상	신문은 있었으나 공술 내용이 전해지지 않음
검찰관	8회	12. 20.	진남포로 이주/ 천주교 세례/ 안창호와의 관계/ 이념 논쟁/ 단지동맹/ 출발지/ 의병 활동/ 이석산과의 관계	- 한 달 만에 검찰 신문 재개 - 한일보호조약, 이토 공훈, 통감통치 성격, 인명 살해 성격 등을 둘러싼 이념 논쟁(3차) - 단지동맹 진술 번복(1908.10.12, 12인이 실행) - 출발지 진술 번복(부녕이 아니라 블라디보스토크) - 의병 활동 진술 번복(두 차례 전쟁을 치름)

검찰관	9회	12. 21.	이석산에게 100원 강요/ 블라디보스토크 출발 당시 복장/ 이치권, 우연준, 이석산, 유동하, 유경집, 김성백, 조도선 등과의 관계/ 대동공보사 이강과의 관계	
검찰관	10회	12. 22.	유진율, 최재형과의 관계/ 이토 저격 당시 상황/ 거사 직후 자살 기도 여부/ 이토 암살의 정당성	검찰의 사건 조사는 사실상 종료
경시	13회	12. 27.	김기룡과의 관계/ 단지동맹의 근본 목적은 이토의 정략을 파괴하는 것/ 단총은 윤치종과 교환/ 블라디보스토크 거류민회·청년회· 유진율과의 관계/ 아우가 당지에 온 것은 본인의 사시死屍를 본국에 운반하려 한 것임	- 경찰 조사 재개 - 공술 내용이 「機密受 제5호」에 수록되어 있음
검찰관	11회	1910. 1. 26.	김형재, 김성백 등의 증언과 관련된 신문	- 사건에 직접 관계되는 신문은 아님 - 2월 1일 안중근을 살인 혐의로 기소하고 공판 청구를 함
경시	14회	2.1~ 6.	블라디보스토크에 체재하며 여행 여부/ 대동공보사에서 이토 암살을 모의하기 위하여 8명(안중근, 미하일로프, 발행인 유진율, 주필 정재관, 윤일병, 이정래, 정순만, 우덕순)이 회합한 사실 여부/ 미하일로프의 지원 여부/ 대동공보사에서 거사를 기획했는지 여부/ 계동학교, 일심청년회, 대동공보사 등의 실태/ 단지동맹에 참여한 사람/ 윤일병, 정순만의 인물 됨됨이/ 미하일로프도 암살 계획에 참여했는지 여부/ 이강에게 편지 보낸 까닭/ 재작년 의병전쟁 실패 이후 행적/ 대동공보사에서 모의 당시 유진율, 이강, 미하일로프가 신체 안전 약속을 했는지 여부/ 권총 입수처/ 동의회·독립회獨立會·돈의회敦義會·청년회靑年會·재상항공립회지부在桑港共立會支部 등의 창립 회원과 목적	검찰 기소 이후에도 계속 조사를 진행

—한상권, 「안중근의 하얼빈거사와 공판투쟁(2)」, 『덕성여대 논문집 33』에서 전제

「마나베 재판장의 안중근 등 공판 일지」

공판 회차	일시	신문 내용	비 고
1회	1910. 2. 7.	안중근과 연루자 3인(우덕순, 조도선, 유동하)의 인적 사항 확인 (성명, 나이, 신분, 직업, 주소, 본적지 및 출생지)/ 안중근 신문(출 국 후 3년간 활동 상황, 독립 사상을 갖게 된 시기, 이토 저격 당 시 신분, 『대동공보』와의 관계, 이토가 만주에 오는 것을 안 경위, 이토 저격 당시 정황, 이토 살해 이후 자살기도 여부, 단지동맹, 의병 부대의 지휘 계통 등)	안중근의 발언권을 제약
2회	2. 8.	우덕순, 조도선 신문	
3회	2. 9.	유동하에 대한 신문/ 안중근이 이토의 죄상과 거사 목적을 공술	본건 신문을 공개함은 안녕질서 를 해할 우려가 있다고 인정하 므로 재판 공개를 전지
4회	2. 10.	검찰관의 구형→안중근은 사형, 우덕순·조도선은 징역 3년, 유 동하에게는 징역 1년 6개월 이상을 각각 구형	
5회	2. 12.	변호인 변론/ 안중근 최후 진술	
6회	2. 14.	재판장 선고→안중근은 살인죄로 사형, 우덕순은 살인죄 방조범 으로 징역 3년, 조도선과 유동하는 살인 방조범으로 징역 1년 반	

—한상권, 「안중근의 하얼빈거사와 공판투쟁(2)」(덕성여대 논문집 33)에서 전제

9장

영혼불멸의 안중근을 남기다

01 시대의 빛으로 남다

02 유언으로 보는 안중근

03 선각자적 혜안이 담긴 옥중 육필

01 시대의 빛으로 남다

안중근은 1910년 3월 26일 관동도독부 여순감옥에서 순국하였다. 안중근은 여순 관동법원에서 사형 선고를 받은 후 고등법원에 상고하지 않았다. 다시 살 수 있을지도 모를 마지막 기회를 스스로 버린 것이다. "네가 항소를 한다면 그것은 일제에 목숨을 구걸하는 짓이다. 네가 나라를 위해 이에 이른즉 딴 맘 먹지 말고 죽으라"는 모친의 말대로 안중근은 일제에 목숨을 구걸하지 않았다.

다만 그는 『안응칠 역사』에 이어 집필 중이던 『동양평화론』을 완성하고 떠나길 원했다. 그래서 히라이시 우지히토 고등법원장을 만난 자리에서 완성까지 얼마간 형 집행을 연기해 줄 것을 요청했다. 그러나 그의 요청은 받아들여지지 않았다.

전옥典獄, 형무소장 구리하라 사다키치栗原貞吉가 안 의사 순국 일주일 전인 1910년 3월 19일 조선통감부 사카이 경시에게 보낸 보고서에는 당시 정황이 기록되어 있다.

> '동양평화론'도 쓰기 시작하여 현재 서론이 끝났다.……본인은 철저하게 '동양평화론'의 완성을 원하고 사후에 반드시 빛을 볼 것으로 믿기 때문에 얼마 전 논문 저술을 이유로 사형의 집행을 15일 정도 연기될 수 있도록 탄원하였으나 허가되지 않을 것 같아 결국 '동양평화론'의 완성은 바라기 어려울 것 같다.
>
> ─ 「여순감옥 형무소장 보고서」

안중근은 3월 15일 자서전『안응칠 역사』를 탈고한 뒤『동양평화론』을 집필하기 시작했다.「서序」·「전감前鑑」·「현상現狀」·「복선伏線」·「문답問答」다섯 개 장으로 나누고 집필에 들어갔으나, 결국「서」와「전감」의 일부만 작성되고 미완성으로 남았다.

안중근이 떠나길 원했던 날짜는 천주교 사순일인 3월 25일이었다. 하지만 이날 은 순종 황제의 탄신일이기도 했다. 이에 여론을 의식한 일제는 하루 뒤인 26일 오전 10시에 사형을 집행했다. 사형은 구리하라 형무소장, 미조부치 검찰관, 소노키 통역 등 사형 집행리들의 입회하에 여순감옥 내 사형실에서 진행되었다.

구리하라 형무소장이 사형 집행문을 낭독하고 안중근에게 최후의 유언을 물었다.

▼ 140_옥중의 면회(빌렘 신부와 정근, 공근 두 형제)

그는 "아무것도 남길 유언은 없으나 다만 내가 한 이토 히로부미 사살은 동양 평화를 위해 한 것이므로 일·한 양국인이 서로 일치협력해서 동양 평화의 유지를 도모하기를 바란다"고 하며 "나와 함께 '동양 평화 만세'를 부르자"고 제의했다. 마지막 순간까지 동양 평화를 외친 그였다. 사형 집행리들은 안중근을 저지하고 교수형 집행을 감행했다.

오전 10시 15분경 검찰 의사가 안중근이 사망하였음을 확인하고 새로 만든 관에 유해를 입관시켰다. 당시 죄수들은 바구니에 담아 매장하는 것이 관례였기에 이례적인 일이었다. 유해는 정근·공근 두 동생의 탄원과 절규에도 불구하고 유족에게 인도하지 않고 감옥 수인묘지囚人墓地에 서둘러 매장해 버렸다. 일제는 안중근의 유해가 한국인의 손에 넘어갈 경우, 그의 묘소가 국내외 독립운동의 성지로 화할 것을 두려워했다.

안중근의 유해는 광복 후 반세기가 훌쩍 지난 지금까지도 정확한 소재를 파악하지 못해 "내가 죽은 뒤에 나의 뼈를 하얼빈공원 곁에 묻어두었다가 우리 국권이 회복되거든 고국으로 반장해다오. 나는 천국에 가서도 또한 마땅히 우리나라 국권을 회복하기 위해 힘쓸 것이다"라는 그의 마지막 부탁을 지키지 못하고 있는 실정이다.

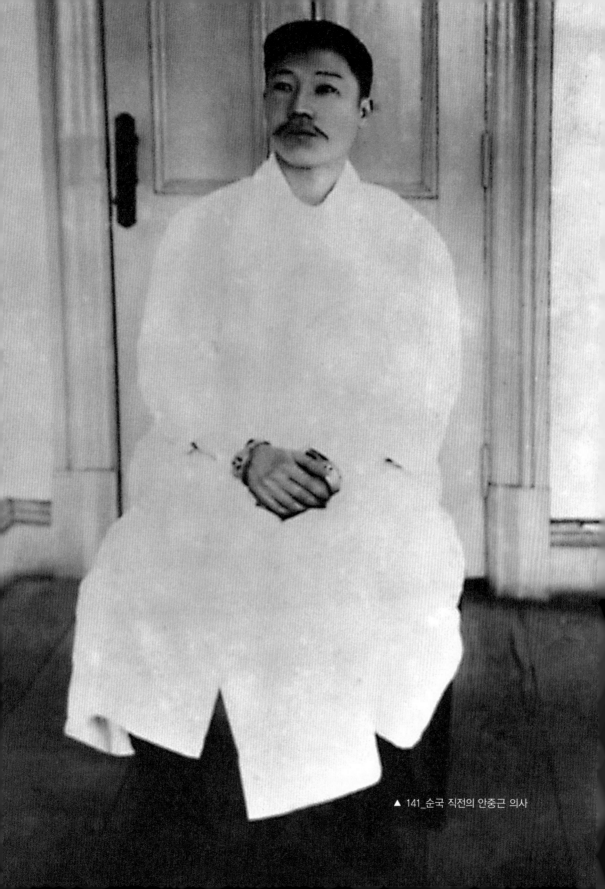

▲ 141_순국 직전의 안중근 의사

02 유언으로 보는 안중근

안중근은 자신의 마지막을 다음과 같이 기술하고 삶의 마지막 페이지를 덮었다.

한편 그때 법원과 감옥의 관리들은 내가 쓴 글을 기념으로 간직하겠다며 비단과 종이 수백 장을 사 넣어주고는 글씨를 써 줄 것을 부탁했다. 일이 이렇게 되고 보니 나는 필법이 능하지도 못하면서, 또 남의 웃음거리가 될 것을 생각하지 못하고 매일 몇 시간씩 글씨를 썼다.

그때 천주교회 선교사 홍 신부가 나의 영원한 삶과 행복을 기원하는 성사를 해주기 위해 한국으로부터 이곳까지 왔다. 홍 신부를 만나니 꿈과 같고, 그 기쁨을 감당할 길이 없었다.

나를 다시 만나자 홍 신부는 내게 천주 교리로 훈계한 뒤에 다음 날은 고해성사를 받아주었다. 또 그 다음 날 아침에 다시 감옥으로 와서 성세대례 미사를 거행했다. 이때 나는 영성체 성사를 성스럽게 받음으로써 천주님의 특별한 은총을 받게 됐다. 그 감사함은 이루 말할 수 없었다. 이때는 감옥에 있던 일반 관리들이 모두 함께 참례했다.

그 다음 날 오후 2시쯤 홍 신부는 다시 내게 와서 말했다. "오늘 한국으로 돌아가기에 작별하러 왔다." 홍 신부와 나는 몇 시간 동안 이야기를 나눴다. 마침내 홍 신부는 헤어지기 위해 내 손을 꼭 잡고 말했다. "인자하신 천주님께서는 너를 버리지 않을 것이다. 반드시 거둬 주실 것이니 안심하여라."

그리고 손을 들어 나를 향해 강복을 해주고 떠나니, 그때가 1910년 경술년 음력 2월 초하루 오후 4시쯤이었다.

이상이 안중근의 32년 동안 역사의 줄거리다.

1910년 경술년 음력 2월 5일양력 3월 15일 여순 옥중에서 대한국인 안중근이 글을 마치다.

— 『안응칠 역사』

안중근은 순국 하루 전인 10월 25일 정근·공근 두 동생을 마지막으로 면회하는 자리에서 모친과 부인 등 가족들과 뮈텔 주교·빌렘 신부 등 6인에게 이미 써 두었던 유서를 전하였다. 우리는 이 유서에서 민족의 영웅 안중근은 물론 인간 안중근의 모습을 볼 수 있다.

누군가의 아들로서, 누군가의 남편으로서, 누군가의 아버지로서, 누군가의 형제로서, 그리고 한 나라의 국민으로서 그의 마지막 유언을 읽어 나가길 바란다.

1. 부모보다 먼저 떠나는 아들

어머니 전 상서

예수를 찬미합니다.

불초한 자식은 감히 한 말씀을 어머니 전에 올리려 합니다.

엎드려 바라옵건대 자식의 막심한 불효와 아침저녁 문안인사 못 드림을 용서하여 주시옵소서.

이 이슬과도 같은 허무한 세상에서 감정을 이기지 못하시고 이 불초자를 너무나 생각해 주시니 훗날 영원의 천당에서 만나 뵈올 것을 바라오며 또 기도하옵니다.

이 현세의 일이야말로 모두 주님의 명령에 달려 있으니 마음을 편안히 하옵기를 천만번 바라올 뿐입니다. 분도는 장차 신부가 되게 하여 주기를 희망하오며, 후일에도 잊지 마옵시고 천주에 바치도록 키워 주십시오.

이상이 대요이며, 그 밖에도 드릴 말씀은 허다하오나 후일 천당에서 기쁘게 만나 뵈온 뒤 누누이 말씀드리겠습니다.

위아래 여러분께 문안드리지 못하오니, 반드시 꼭 주교님을 진심으로 신앙하시어 후일 천당에서 기쁘게 만나 뵈옵겠다고 전해 주시기 바라옵니다.

이 세상의 여러 가지 일은 정근과 공근에게 들어 주시옵고, 배려를 거두시고 마음 편안히 지내시옵소서.

아들 도마 올림

2. 아내와 자식을 남겨두고 떠나는 남편

분도 어머니에게 부치는 글

예수를 찬미하오.

우리들은 이 이슬과도 같은 허무한 세상에서 천주의 안배로 배필이 되고 다시 주님의 명으로 이에 헤어지게 되었으나 또 머지않아 주님의 은혜로 천당 영복의 땅에서 영원에 모이려 하오.

반드시 감정에 괴로워함이 없이 주님의 안배만을 믿고 신앙을 열심히 하고 어머니에게 효도를 다하고 두 동생과 화목하여 자식의 교육에 힘쓰며 세상에 처하여 심신을 평안히 하고 후세 영원의 즐거움을 바랄 뿐이오.

장남 분도를 신부가 되게 하려고 나는 마음을 결정하고 믿고 있으니 그리 알고 반드시 잊지 말고 특히 천주께 바치어 후세에 신부가 되게 하시오.

많고 많은 말을 천당에서 기쁘고 즐겁게 만나보고 상세하게 이야기할 기회가 있을 것을 믿고 또 바랄 뿐이오.

1910년 경술 2월 14일
장부 도마 올림

3. 동생들에게 유언을 남기는 형

안중근은 사형 집행 직전 두 동생에게 다음과 같은 최후의 유언을 받아쓰게 했다.

내가 죽은 뒤에 나의 뼈를 하얼빈 공원 곁에 묻어두었다가 우리 국권이 회복되거든 고국으로 반장해다오.

나는 천국에 가서도 또한 마땅히 우리나라의 국권 회복을 위하여 힘쓸 것이다. 너희들은 돌아가서 동포들에게 각각 모든 나라의 책임을 지고 국민 된 의무를 다하며 마음을 같이 하고 힘을 합하여 공로를 세우고 업을 이루도록 일러라. 대한 독립의 소리가 천국에 들려오면 나는 마땅히 춤추며 만세를 부를 것이다.

4. 남겨진 동포들을 걱정하는 독립운동가

안중근은 국내에서 찾아온 안병찬 변호사를 통해 2천만 동포에게 남기는 뼈에 사무치는 유언을 전달하였다. 이 유언은 안중근 순국 전날인 1910년 3월 25일자 『대한매일신보』에 보도되었다.

▼ 143_하얼빈 공원(현재 조린공원)

동포에게 고함

내가 한국 독립을 회복하고

동양 평화를 유지하기 위하여

삼 년 동안을

해외에서 풍찬노숙하다가

마침내 그 목적을 도달치 못하고

이곳에서 죽노니

우리들 2천만 형제자매는

각각 스스로 분발하여

학문에 힘쓰고 실업을 진흥하여

나의 끼친 뜻을 이어

자유 독립을 회복하면

죽는 자 유한이 없겠노라

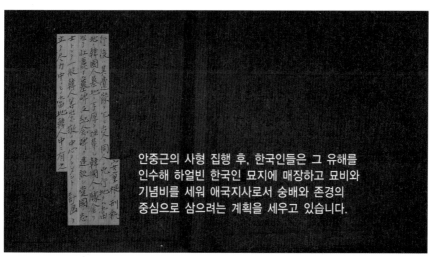

안중근의 사형 집행 후, 한국인들은 그 유해를 인수해 하얼빈 한국인 묘지에 매장하고 묘비와 기념비를 세워 애국지사로서 숭배와 존경의 중심으로 삼으려는 계획을 세우고 있습니다.

▲ 144_기밀 제14조 안중근 사후 처리에 관한 내용

03 선각자적 혜안이 담긴 옥중 육필

안중근은 사형을 언도받은 후 더 이상 신문을 받지 않게 되자 남는 시간을 이용해 문필 활동에 박차를 가했다.

그런데 놀라운 사실은 일본인들에게는 원수와 다름없는 안중근에게 일본인들이 찾아와 휘호를 청하였다는 것이다. 안중근은 옥중에서 자신의 애국사상과 동양평화론을 당당히 밝히고, 하얼빈 의거의 정당성을 확고히 토로하며, 일제의 한국 침략의 부당성과 재판의 불공정성을 지적했다. 이를 지켜본 많은 일본인들은 안중근을 다르게 보기 시작했다. 그를 단순한 살인범이 아니라 투철한 철학을 가진 애국지사이자, 동양의 평화를 위해 거사를 단행한 위대한 인물로 생각하게 된 것이다. 이에 많은 일본인들이 앞 다투어 그에게 글을 청했다.

여순감옥의 간수 지바 도시치千葉十七 헌병에 따르면, 옥중에서 일본인들로부터 휘호 청탁을 받은 안중근은 일필휘지一筆揮之로 휘호를 쓰고 좌수인左手印을 찍은 후 주었다고 한다.

사이토 다이켄齊藤泰焉의 책에는 간수 지바와 안중근의 일화가 실려 있다.

여느 때와 다름없이 지바는 부동자세로 안중근의 감방 앞에 서있었다. 마침내 형장에 갈 시간이 가까워졌다. 그때 "지바 씨, 일전에 부탁하던 글씨를 지금 씁시다" 하고 안중근이 입을 열었다. 지바는 순간 자기의 귀를 의심했다. 소원이었지만 이제 글씨 같은 것은 받지 못할 것이라고 체념하고 있었기 때문이다. 그는 급히 비단천과 필묵을 준비했다. 안중근은 자세를 바로잡고 "爲國獻身 軍人本分. 庚戌 三月 於旅順監獄中 大韓國人 安重根 謹拜"라고 썼다. 먹물을 흥건하게 묻혀 단숨에 써 내려갔다. 그리고 동지들과 맹세한 왼손 약지가 절단된 손바닥에 먹을 묻혀서 손도장을 찍었다.

지바는 숨을 죽였다. 안중근은 마지막으로 지바에게 눈길을 주면서, "친절하게 대해 주셔서 진심으로 감사합니다. 동양에 평화가 찾아오고 한일 간에 우호가 회복되는 날 다시 태어나서 만나고 싶습니다. 고맙습니다." 지바는 눈시울이 뜨거워져서 합장만 할 따름이었다. 안중근은 붓을 손에서 놓았다. 그리고 지바를 위해 위로하듯 절을 했다. 처형 5분 전의 일이다. 두 사람의 이별을 재촉하듯 감방의 작은 창문을 때리는 빗소리가 점차 세차게 들리는 가운데 안중근은 천천히 일어섰다.

— 사이토 다이켄 저, 장영순 옮김, 『내 마음의 안중근』

사형을 앞둔 한국인 죄수로부터 글을 받고 눈시울이 뜨거워진 지바, 자신을 죽이려는 일본인에게 글을 써준 후 "고맙습니다"라고 말하는 안중근. '죄수'와 '간수', '한국인'과 '일본인'이라는 도식상으로는 쉽게 이해하기 힘든 그림이지만, 이 글을 읽고 가슴이 뜨거워지는 건 그 벽을 깨고 나눈 그들의 마음을 느낄 수 있기 때문이다. 안중근이 그토록 바라던 '평화'를 이룬 마음이다.

다양한 주제를 다룬 안중근의 유묵은 모두 200여 점에 달하는 것으로 알려져 있다. 그러나 그중 존재가 확인된 작품과 작품이 남아 있지는 않으나 그 내용이 전해지는 것들은 60여 점 정도다.

國家安危 勞心焦思   국가의 안위를 걱정하고 애태운다.
爲國獻身 軍人本分   나라 위해 몸 바침은 군인의 본분이다.
見利思義 見危授命   이익을 보거든 정의를 생각하고 위태로움을 보거든 목숨을 바쳐라.

안중근의 유묵은 1910년 2월에 쓰인 10여 점을 제외하면 3월에 쓰인 것들이 대부분이다. 이는 그가 죽음을 앞두고 20여 일 동안 집중적으로 휘호를 남겼음을 보여준다. 실제로 그의 유묵에는 좌측 중단부터 하단까지 작은 글씨로 세로로 대부분 "庚戌 二月혹은 三月 於旅順監獄中 大韓國人 安重根 書"라는 친필 서명이 부기되어 있다.

또한 안중근의 유묵에는 반드시 연추의 하리에서 단지동맹을 맺을 때 약지가 절단된 왼손의 수인이 찍혀 있다. 이때 손도장은 대부분 손가락이 위를 향하도록 바르게 찍었으나, 이따금 2시 방향을 향하도록 비스듬히 찍은 것도 있다. 이처럼 상징적이며 흉내 내기 어려운 낙관으로 인해 안중근의 유묵들은 쉽게 위조 시비가 일지 않는 특징을 지니고 있다.

안중근의 유묵들은 다양한 주제를 담고 있다. 그중에서 비중 있게 거론되는 것은 두 가지다. 하나는 유교적 덕목 및 전통적 가치의 이행을 강조한 것이며, 다른 하나는 일제의 조선 침략을 규탄하고 동양 평화를 강조한 것이다.

전자에 속하는 유묵들은 화목·겸손·지조·수신·검약·처신·근면·면학·공경 등에 관한 글귀들을 담고 있다. 특히 유교경전『논어』에 실린 글귀들이 자주 인용되고 있다. 후자에 속하는 유묵들은 일제가 서양 열강들처럼 약육강식하는 탐욕스런 침략정책을 조선에 펼치고 있음을 규탄한 다음, 동양의 항구적 평화를 위해서는 일제가 침략정책을 중단하고 선린과 우호에 입각한 평화정책을 취해야 한다는 내용을 담고 있다.

見利思義見危授命

贈安岡檢察官

庚戌三月 於旅順獄中 大韓國人 安重根 書

國家安危勞心焦思

庚戌三月 於旅順獄中 大韓國人安重根 謹拜

為國獻身軍人本分

庚戌三月 於旅順獄中 大韓國人 安重根 謹拜

▲ 145_안중근 의사 대표 옥중 육필

깊이 읽기 안중근 의사 어머니의 편지

조마리아본명 조성녀(趙姓女) 여사는 이토 히로부미를 저격했다는 이유로 사형 선고를 받고 옥에 갇힌 안중근 의사에게 간결하면서도 단호한 편지를 보냈다. 하지만 전언으로만 알려지고 있을 뿐, 안타깝게도 그 편지는 남아있지 않다.

네가 만약 늙은 어미보다 먼저 죽은 것을 불효라 생각한다면,

이 어미는 웃음거리가 될 것이다.

너의 죽음은 너 한 사람 것이 아니라

조선인 전체의 공분을 짊어지고 있는 것이다.

네가 항소를 한다면 그것은 일제에 목숨을 구걸하는 짓이다.

네가 나라를 위해 이에 이른즉 딴 맘 먹지 말고 죽으라.

옳은 일을 하고 받은 형이니 비겁하게 삶을 구하지 말고,

대의에 죽는 것이 어미에 대한 효도이다.

아마도 이 편지가 이 어미가 너에게 쓰는 마지막 편지가 될 것이다.

여기에 너의 수의壽衣를 지어 보내니 이 옷을 입고 가거라.

어미는 현세에서 너와 재회하기를 기대치 않으니,

다음 세상에는 반드시 선량한 천부의 아들이 되어 이 세상에 나오너라.

안중근 의사의 최후

　『만주일일신문』은 안중근의 사형 당시 모습을 생생하게 전달해 준다. 특히 교수대의 구조 등에 대한 것은 일본 측 보고서에는 없는 내용이다.

　그러나 『만주일일신문』에는 안중근 의사가 동양 평화 만세 삼창을 하고자 한 사실은 나오지 않는다. 아울러 일본 측이 안중근의 시체를 인도해 주지 않아 이에 대해 안중근의 두 형제가 강력하게 항의한 사실도 기술되어 있지 않다.

　이로 미루어볼 때 『만주일일신문』은 독자들을 자극할 수 있는 내용은 일부러 삭제한 것으로 보인다.

▲ 146_안중근 의사 처형지(추정)

부슬비가 내리는 1910년 3월 26일 오전 10시, 안중근의 사형은 여순감옥에서 행해졌다. 안은 전날 밤 고향에서 보내온 옷을 입고 예정된 시간보다 일찍 간수 4명의 경호를 받으며 형장으로 불려나와 교수대 옆에 있는 대기실로 갔다. 당일 입은 옷은 상하의 모두 한국에서 만든 명주옷이었다. 저고리는 흰색이고 바지는 검은색이어서 흑백의 분명한 대조가 아무래도 수분 후면 밝은 데서 어두운 곳으로 갈 수밖에 없는 수인의 운명과 같아, 보는 이로 하여금 일종의 감개를 느끼게 했다.

집행을 언도하고 드디어 미조부치 검찰관, 구리하라 전옥, 소노키 통역, 기시다岸田 서기가 교수대 앞에 있는 검시실에 착석하자 안이 대기실에서 끌려 나왔다. 구리하라 전옥은 안중근에게 "금년 2월 24일 여순 지방법원의 언도와 확정 명령에 따라 사형을 집행하겠다"는 뜻을 전했다.

소노키의 통역이 끝나자 안중근은 아무 말 없이 고개를 끄덕였으나 구리하라 전옥은 다시 한 번 안에게 "뭔가 남길 말이 없느냐"라고 물었다. 안중근은 "아무것도 남길 유언은 없으나 다만 내가 한 이토 히로부미 사살은 동양 평화를 위해 한 것이므로 일한 양국인이 서로 일치협력해서 동양 평화의 유지를 도모하기를 바란다"라고 말했다. 그러자 간수가 반 장짜리 종이 두 장을 접어 눈을 가리고 그 위에 흰 천을 씌웠다. 안중근의 최후가 일각일각 다가왔다.

재판 당초부터 언도 이후까지 안을 정중하고 친절하게 대했던 관헌은 안중근이 최후의 순간을 맞을 때는 마음껏 최후의 기도를 하도록 허락했다. 안중근은 전옥의 말에 따라 수분간 묵도를 했고, 기도가 끝나자 수명의 간수에 둘러싸여 교수대로 향했다. 교수대의 구조는 마치 이층집 같아서 작은 계단 7개를 올라가면 화로방 같은 것이 있는데 안은 조용히 걸어서 한 계단 한 계단 죽음의 길로 다가갔다. 그때의 감정이나 얼굴색은 흰옷과 어우러져 더욱 창백했다. 드디어 안중근이 교수대 위에 책상다리를 하고 앉자 옥리 한 명이 그의 목에 밧줄을 감고 교수대 한쪽을 밟으니 바닥이 "꽈당" 소리를 내며 떨어졌다. 10시 15분 안중근은 완전히 절명했다. 거기까지 걸린 시간은 불과 11분이었다.

보통 사형수의 유해는 좌관座棺에 넣는 것이 관례였으나 특별히 안중근을 위해서는 새롭게 송판으로 침관寢棺을 만들어 시체를 넣고 그 위를 흰 천으로 씌워 매우 정중하게 취급했다. 일단 이 관을 교회실에 넣고 안중근이 형장에 갈 때 품고 있던 예수의 상은 관 양쪽에 걸었다.

일본 정부는 대개 수인들의 유해를 둥근 통 모양의 나무관에 구부정하게 세운 자세로 안치한 후 봉분 없이 매장했으며, 일부는 관 1개에 두 명씩 넣기도 하였다.

안의 공범자인 조도선·우덕순·유동하 등 세 명은 교회실로 불려 와 안의 유해를 향한 최후의 고별을 허가받았다. 세 사람은 모두 천주교인이 아니어서 조선식으로 두 번 절을 하며 안의 최후를 조문했다. 그들은 모두 감격한 듯했고, 그중에서 우덕순은 하얼빈 이후 안중근의 소식이 끊겼는데 최후의 고별을 하게 돼, 안도 만족할 것이라며 당국의 배려에 감사했다.

이리하여 시체는 매우 정중한 취급을 받으며 오후, 보슬비가 내리는 가운데 공동묘지에 묻혔다. 두 동생은 안중근의 죽음을 듣고 "아이고"라고 외치며 통곡했다. 그들은 시신을 돌려 달라고 했으나 안 된다는 말에 서둘러 떠날 채비를 해서 26일 오후 5시 여순발 열차로 안동현을 거쳐 귀국길에 올랐다.

— 『만주일일신문』, 1910년 3월 27일자

「한국인 안응칠 소회」

안중근이 1909년 11월 6일 오후 2시 30분 옥중에서 연필로 작성한 것을 일본 외무성에서 정서하여 그들 상부에 보고한 문건이다. 여기서 안중근은 늙은 도적 이등박문의 죄악을 성토하여 뜻있는 동양 청년들의 정신을 일깨우고자 하였음을 밝히고 있다.

하늘이 사람을 내어 세상이 모두 형제가 되었다. 각각 자유를 지켜 삶을 좋아하고 죽음을 싫어하는 것은 누구나 가진 떳떳한 정이라. 오늘날 세상 사람들은 의례히 문명한 시대라 일컫지마는 나는 홀로 그렇지 않는 것을 탄식한다. 무릇 문명이란 것은 동서양, 잘난 이, 못난 이, 남녀노소를 물을 것 없이 각각 천부의 성품을 지키고 도덕을 숭상하여 서로 다투는 마음이 없이 제 땅에서 편안히 생업을 즐기면서 같이 태평을 누리는 그것이라. 그런데 오늘의 시대는 그렇지 못하여 이른바 상등 사회의 고등 인물들은 의논한다는 것이 경쟁하는 것이요, 연구한다는 것이 사람 죽이는 기계라. 그래서 동서양 육대주에 대포 연기와 탄환 빗발이 끊일 날이 없으니 어찌 개탄할 일이 아닐 것이냐. 이제 동양 대세를 말하면 비참한 현상이 더욱 심하여 참으로 기록하기 어렵다. 이른바 이토 히로부미는 천하 대세를 깊이 헤아려 알지 못하고 함부로 잔혹한 정책을 써서 동양 전체가 장차 멸망을 면하지 못하게 되었다. 슬프다. 천하 대세를 멀리 걱정하는 청년들이 어찌 팔장만 끼고 아무런 방책도 없이 앉아서 죽기를 기다리는 것이 옳을가 보냐. 그러므로 나는 생각다 못하여 하얼빈에서 총 한 방으로 만인이 보는 눈앞에서 늙은 도적 이토의 죄악을 성토하여 뜻있는 동양 청년들의 정신을 일깨운 것이다.

▲ 147_「한국인 안중근 소회」

옥중 육필

1. 실물이 존재하는 것

1) 보물로 지정된 유묵

- **百忍堂中有泰和** : 백번 참는 집안에 태평과 화목이 있다.

- **人無遠慮 難成大業** : 사람이 멀리 생각지 못하면 큰일을 이루기 어렵다.

- **思君千里 望眼欲穿 以表寸誠 幸勿負情** : 천리 밖에서 그대를 생각하니 / 바라보는 눈이 뚫어질 듯하오이다 / 작은 정성을 바치오니 / 행여 이 정을 저버리지 마소서.

- **孤莫孤於自恃** : 스스로 잘난 체 하는 것보다 더 외로운 것은 없다.

- **五老峯爲筆 三湘作硯池 靑天一丈紙 寫我腹中詩** : 오로봉으로 붓을 삼고 / 삼상 三湘의 물로 먹을 갈아 / 푸른 하늘을 한 장 종이 삼아 / 뱃속에 담긴 시를 쓰련다.

- **天與不受 反受其殃耳** : 하늘이 주는데 받지 않으면 도리어 벌을 받게 된다.

- **仁智堂** : 어질고 지혜로워야 한다는 뜻의 당호.

- **國家安危 勞心焦思** : 국가의 안위를 걱정하고 애태운다.

- **爲國獻身 軍人本分** : 나라 위해 몸 바침은 군인의 본분이다.

- **見利思義 見危授命** : 이익을 보거든 정의를 생각하고 위태로움을 보거든 목숨을 바쳐라.

- **庸工難用連抱奇材** : 서투른 목수는 아름드리 큰 재목을 쓰기 어렵다.

- **博學於文 約之以禮** : 글공부를 넓게 하고 예법으로 몸을 단속하라.

- **歲寒然後 知松栢之不彫** : 날이 추워진 후에야 잣나무와 소나무가 시들지 않음을 알게 된다.

- **恥惡衣惡食者 不足與議** : 헐한 옷, 헐한 밥을 부끄러워하는 자는 더불어 의논할 수 없다.

- **一日不讀書 口中生荊棘** : 하루라도 글을 읽지 않으면 입안에 가시가 생긴다.

- 丈夫雖死心如鐵 義士臨危氣似雲 : 장부는 비록 죽을지라도 마음은 쇠처럼 단단하고 의사는 위태로움에 이를지라도 기운이 구름처럼 가볍도다.

- 年年歲歲花相似 歲歲年年人不同 : 해마다 같은 꽃이 피건만 해마다 사람들은 같지 않고 변하네.

- 東洋大勢思杳玄 有志男兒豈安眠 和局未成猶慷慨 政略不改眞可憐 : 동양대세 생각하매 아득하고 어두우니 / 뜻 있는 사나이가 편함 잠을 어이 자리 / 평화시국 못 이룸이 이리도 분개한지고 / 정략을 고치지 않으니 참으로 가엾도다.

- 欲保東洋 先改政略 時過失機 追悔何及 : 동양을 보호하려면 먼저 정략을 고쳐야 한다. 때가 지나 기회를 놓치면 후회한들 무엇하리요.

- 言忠信 行篤敬 蠻邦可行 : 충성스럽고 믿음직스럽게 말하고 돈독하고 공경스럽게 행동하는 것은 오랑캐 나라에서도 할 수 있다.

- 臨敵先進 爲將義務 : 적을 맞아 먼저 전진하는 것이 장수의 의무이다.

- 第一江山

- 忍耐

- 極樂

- 雲齋

- 靑草塘

2) 보물로 지정되지 않은 유묵

- 白日莫虛渡 靑春不再來 : 세월을 헛되이 보내지 말라. 청춘은 다시 오지 않는다.

- 日出露消兮 正合運理 日盈必昃兮 不覺其兆 : 해가 뜨니 이슬이 사라짐이여 / 천지의 이치에 부합하도다 / 해가 차면 반드시 기울어짐이여 / 그 징조를 깨닫지 못 하는도다.

- 人類社會 代表重任 : 인류사회의 대표는 책임이 무겁다.

- 志士仁人 殺身成仁 : 지사와 어진 사람은 자신을 죽여 인을 이룩한다.

- 戒愼乎其所不睹 : 아무도 보지 않는 곳에서 경계하고 삼간다.

- 天堂之福 永遠之樂 : 천당의 복은 영원한 즐거움이다.

- 釖山刀水 慘雲難息 : 검산과 칼 물에 참담한 구름조차 쉬기 어렵다.

- 喫蔬飮水 樂在其中 : 나물 먹고 물 마시니 즐거움이 그 속에 있네.

- 貧而無諂 富而無驕 : 가난하되 아첨하지 아니하고 부유하되 교만하지 않는다.

- 弱肉强食 風塵時代 : 약한 자를 강한 자가 잡아먹는 풍진시대다.

- 黃金百萬兩 不如一敎子 : 황금 백만 냥이라도 자식 하나 가르침만 못하다.

- 言語無非菩薩 手段擧皆虎狼 : 말은 보살 아닌 것이 없건마는 하는 짓은 모두가
  사납고 간특하다.

- 年年點檢人間事 惟有東風不世情 : 해마다 세상일을 헤아려 보니 다만 봄바람만
  이 세태를 따르지 않네.

- 臥病人事絕 嗟君萬里行 河橋不相送 江樹遠含情 : 병석에 누워서 인사를 못하는
  데 / 만리 먼 길 떠나는 그대를 애달파하네 / 연못 다리에 나가 송별하지 못하니
  / 강가의 나무숲에 마음만이 어려 있네.

- 山不高而秀麗 水不深而澄淸 地不廣而平坦 林不大而茂盛 : 산은 높지 않으나 수
  려하고 / 물은 깊지 않으나 청결하고 / 땅은 넓지 않으나 평탄하고 / 숲은 크지
  않으나 무성하다.

- 貧與賤 人之所惡者也 : 가난하고 천한 것은 사람들이 싫어하는 바이다.

- 不仁者 不可以久處約 : 어질지 못한 자는 궁핍한 곳에서 오래 못 견딘다.

- 敏而好學 不恥下問 : 민첩하고 배움을 좋아하며 아랫사람에게 묻는 것을 부끄러
  워하지 않는다.

- 日韓交誼 善作紹介 : 한일 간에 교의는 소개가 잘 되어야 한다.

- 自愛室 : 스스로 아끼는 집의 당호.

- 澹泊明志 寧靜致遠 : 담백한 밝은 뜻이 편안하고 고요하여 오래 전수된다.

- 謀事在人 成事在天 : 일을 꾸미는 것은 사람에게 달려있고, 일의 성패는 하늘에 달려있다.
- 日通淸話公 : 매일같이 아름답고 깨끗한 말을 할 줄 아는 사람.
- 人無遠慮 必有近憂 : 사람이 멀리 생각하지 않으면, 가까운 곳에 근심이 생긴다.
- 敬天
- 百世淸風
- 獨立

2. 사진본으로 전하는 유묵

- 凱旋
- 通情明白 光照世界 : 통정을 명백히 하면 세계를 밝게 비출 것이다.
- 一勤天下無難事 : 부지런하면 천하에 어려울 것이 없다.
- 臨水羨魚 不如退結綱 : 물에 다다라 고기를 부러워함은 물러가서 그물을 뜨니만 못하다.

3. 내용은 전하나 실물이나 사본이 확인되지 않은 유묵

- 天地飜覆 志士慨嘆 大廈將傾 一木難支 : 천지가 뒤집혀짐이여 / 지사가 개탄하도다. / 큰집이 장차 기울어짐이여 / 한 그루 나무로 지탱하기 어렵도다.
- 天地作父母 日月爲明燭 : 하늘과 땅을 부모로 삼고 해와 달을 밝은 촛불로 삼는다.
- 人心惟危 道心惟徵 : 사람의 마음은 오직 위태하고 도의 마음은 오직 미묘하다.
- 害我伊藤不復活 生我東洋平和本 : 나를 해치더라도 이토는 다시 살아오지 못하니 나를 살리는 것이 동양 평화의 근본이다.

— 오영섭, 「안중근의 옥중 문필 활동」,
『한국민족운동사연구』 55, 2008 및 기념관 이혜균 부장 등 증언 참조.

一日不讀書口中生荊棘

庚戌青於旅順獄中 大韓國人 安重根 書

五老峯爲筆青天一丈綾
三湘作硯池 寫我腹中詩

庚戌青 於旅順獄中 大韓國人 安重根 書

貧與賤人之所惡者也

庚戌三月 於旅順獄中 大韓國人 安重根 書

▲ 148_안중근 의사 옥중 육필

思君千里 望眼欲穿
以表寸誠 幸勿貿情
庚戌二月 於旅順獄中 大韓國人 安重根 謹拜

澹泊明志寧靜致遠
庚戌二月 於旅順獄中 大韓國人 安重根 書

謀事在人成事在天
庚戌二月 於旅順獄中 大韓國人 安重根 書

天與不受反受其殃耳
庚戌三月 於旅順獄中 大韓國人 安重根 書

登高自卑行遠自述
庚戌三月 於旅順獄中 大韓國人 安重根 書

臨敵先進爲將義務
庚戌三月 於旅順獄中 大韓國人 安重根 謹拜

人無遠慮必有近憂

庚戌三月 於旅順獄中 大韓國人 安重根 書

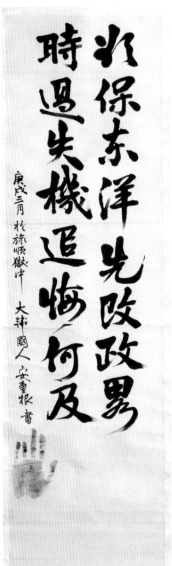

欲保東洋先改政畧
時過失機追悔何及

庚戌三月 於旅順獄中 大韓國人 安重根 書

志士仁人殺身成仁

庚戌三月 於旅順獄中 大韓國人 安重根 書

貧而無諂富而無驕

庚戌三月 於旅順獄中 大韓國人 安重根 書

敏而好學不恥下問

庚戌三月 於旅順獄中 大韓國人 安重根 書

戒愼乎其所不睹

庚戌三月 於旅順獄中 大韓國人安重根 書

不仁者不可以久處約

庚戌三月 於旅順獄中 大韓國人安重根 書

博學於文約之以禮

庚戌三月 於旅順獄中 大韓國人安重根 書

歲寒然後知松栢之不彫

庚戌三月 於旅順獄中 大韓國人安重根 書

言忠信行篤敬蠻邦可行

庚戌三月 於旅順獄中 大韓國人 安重根 書

天堂之福永遠之樂

庚戌三月 於旅順獄中 大韓國人 安重根 書

年年歲歲花相似 歲歲年年人不同

庚戌三月 於旅順獄中 大韓國人 安重根 書

獨立
庚戌三月
於旅順獄中
大韓國人
安重根書

極樂
庚戌三月
於旅順獄中
大韓國人安重根書

雲齋
庚戌三月
於旅順獄中
大韓國人安重根
書

孤莫孤於自恃
庚戌二月 於旅順獄中
大韓國人 安重根書

百世清風
庚戌二月 於旅順獄中
大韓國人 安重根書

青草塘
庚戌三月於旅順獄中
大韓國人安重根書

思君千里 望眼欲穿 以表寸誠 幸勿負情　庚戌三月 於旅順獄中 大韓國人 安重根謹拜

百忍堂中有泰和　庚戌二月 於旅順獄中 大韓國人 安重根書

恥惡衣惡食者不足與議　庚戌三月 於旅順獄中 大韓國人 安重根書

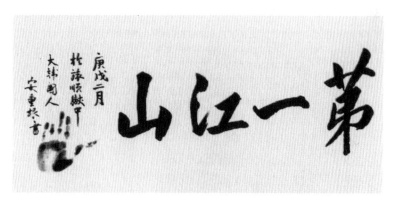

青草塘

庚戌三月 安重根書

▲ 149_하얼빈 공원(현재 조린공원)

則世事之公不公推此而知頗此無他故昔日露國
東侵西伐行爲痛憎故,毆爲列強,各自嚴正中立,相
不救助矣旣是逐敗於黃人種後事遇然局之地豈
無同種之誼哉,此,人情世態,自然之勢也,噫,故不顧
自然之刑勢剃害同種都鄰者,終局爲獨夫之患尖不

10장
안중근의 못다 한 이야기, 동양평화론

01 죽음 앞에서 『동양평화론』을 쓰다

안중근은 자서전을 마칠 무렵을 전후해 『동양평화론』을 쓰기 시작했다. 안중근이 사형당하기 한 달여 전에 완성한 자서전인 『안응칠 역사』의 말미에는 『동양평화론』의 저술에 대한 내용이 언급돼 있다.

> 그 뒤에 형무소장 구리하라 씨의 특별 소개로 고등법원장 히라이시 씨와 만나 이야기를 나눴다. 나는 그에게 사형 판결에 대해 불복하는 이유를 대강 설명한 후, 동양 대세의 흐름과 평화 정책에 관한 내 의견을 피력했다. 그는 내 이야기를 다 듣고 난 뒤에 감격하며 다음과 같이 말했다.
>
> "내가 그대를 깊이 동정하지만 정부 기관이 하는 일을 어찌 할 수 있겠소? 다만 그대가 진술하는 의견을 정부에 보고하겠소."
>
> 나는 그 말을 듣고 고마움을 표하며 요청했다. "만일 허가할 수 있다면, 사형 집행 날짜를 한 달 남짓 늦추어 주시오. 『동양평화론』이라는 책을 한 권 집필하고 싶소."
>
> ― 『안응칠 역사』

이렇게 안중근은 일본 관동도독부 히라이시 고등법원장과의 대화에서 동양 대세와 평화 정략에 대한 견해를 밝힌 후, 『동양평화론』을 집필할 수 있도록 사형 집행을 한 달 가량 늦춰 줄 것을 청한 후 『동양평화론』을 쓰기 시작했다.

▲ 150_히라이시 고등법원장

그러나 안중근은 3월 26일 사형을 당하게 되고, 이로써『동양평화론』은 미완성으로 남게 되었다. 안중근에게『동양평화론』은 중요한 의미를 지니고 있었다. 그가 이토를 포살한 이론적 근거가 바로 '동양평화론'이었기 때문이다.『동양평화론』은 안중근 순국 이후 극비로 다루어져 친족에게도 보여주지 않고 즉시 압수해 한국 통치 자료로만 활용되었다.

안중근이 쓰고자 한『동양평화론』은「서序」·「전감前鑑」·「현상現狀」·「복선伏線」·「문답問答」으로 구성돼 있다.「서」와「전감」일부는 작성돼 있지만, 나머지 부분은 비어 있다. 따라서 그가 구상한 책 전체의 내용은 알 수가 없다. 하지만 생전에 그가 남긴 말과 글, 그와 관련된 자료들을 참고한다면 일부는 짐작이 가능하다. 이에 이하에서는 이러한 자료들 중에서도 특히「청취서」를 중심으로 빈 페이지들을 채워가며 안중근의『동양평화론』을 읽어보고자 한다.

▼ 151_『동양평화론』표지

▼ 152_『동양평화론』목차

안중근의 『동양평화론』을 읽다

1. 『동양평화론』, 「서」

안중근은 『동양평화론』 「서」에서 자신의 주장을 간단명료하게 언급하였다.

그는 먼저 '황색인종이 합치면 성공하고, 흩어지면 백인종에게 패망한다'는 점을 천명했다. 그리고 당시의 시대를 동양과 서양이 경쟁하는 시대라고 하였다. 안중근은 동양 민족과 서양 민족을 다음과 같이 이해했다. 동양 민족은 문학에만 힘쓰고 '근수자방謹守自邦, 자기 나라를 지킴'의 수준에 머물러 있는 민족, 서양 민족은 도덕을 잃고 무력으로 경쟁하는 침략적인 민족이라는 것이다. 특히 러시아를 서양 민족의 대표적인 나라로 표현했다.

러일전쟁 당시 한국과 청국이 옛 원한을 잊고 일본을 지원한 까닭은 일본 천황이 선전조칙宣戰詔勅에 '동양 평화와 한국 독립을 공고히 한다'고 내세웠고, 러일전쟁이 황인종과 백인종의 경쟁이었기 때문이라고 하였다.

그러나 안중근은 지금은 일본의 행위가 러시아의 만행보다 더 심각하다고 주장했다. '동양의 평화와 한국 독립을 공고히 한다'는 선전조칙과 달리 전쟁 후 오히려 한국을 억압해 이른바 을사늑약을 강제 체결하고, 만주 장춘長春 이남을 점거해 동양 평화를 깨뜨렸기 때문이다.

그는 이러한 일본의 행동이 오히려 서양을 도와주는 것이라고 지적했다. 서양 인종의 침략에 동양 인종이 일치단결해 방어해도 부족한 시기에 일본이 오히려 국제 정세를 돌아보지 않고 이웃의 우의를 끊고 있다는 것이다. 따라서 일본이 한국이나 중국에 계속 핍박을 가한다면, 다른 인종에게 망할지언정 같은 인종에게는 능욕당하지 않을 것이라고 강하게 경고하였다. 이렇게 안중근은『동양평화론』「서」에서 동양 인종의 단합을 강조하고, 동양의 평화가 일본의 대한 · 대청 정책과 직결되어 있음을 지적했다.

안중근은『동양평화론』「서」의 마지막을 다음과 같이 맺고 있다.

> 그래서 동양 평화를 위한 의전義戰을 하얼빈에서 개전하고, 담판談判하는 자리를 여순구로 정했으며, 이어 동양 평화 문제에 관한 의견을 제출하는 바이다. 여러분의 눈으로 깊이 살펴보아 주기 바란다.
>
> 1910년 경술 2월
> 대한국인 안중근
> 여순 옥중에서 쓰다.

◀ 153_『동양평화론』「서」

2. 『동양평화론』, 「전감」

「전감」은 역사 속에서 귀감으로 삼아야 할 내용을 서술한 것이다. 안중근은 청일전쟁, 삼국간섭, 러일전쟁 등을 살펴보며 일본의 제국주의를 경계하고자 하였다.

안중근은 먼저 청일전쟁을 다루며 청국이 패한 이유, 일본이 승전한 이유, 청일전쟁 이후 삼국간섭과 러시아의 야욕, 러시아의 행동에 대한 중국인의 대응 등에 대해 살펴보았다.

> 예로부터 지금에 이르기까지 동서남북의 어느 주洲를 막론하고 헤아리기 어려운 것은 대세大勢의 번복飜覆이고, 알 수 없는 것은 인심의 변천이다.

▼ 154_『동양평화론』, 「전감」

안중근은 위와 같이 전제하고, 청국의 패전은 스스로를 '중화대국'이라 칭하며 다른 나라를 이적夷狄이라 부른 교만, 내부의 대립·불화 등에 따른 것이라고 하였다. 그는 청일전쟁에서 일본이 승리한 이유를 명치유신明治維新 이후의 불화와 다툼이 외교적 경쟁 이후 화해와 연합으로 전환됐기 때문이라고 보았다.

안중근은 청일전쟁 이후 러시아의 행동에 대해서는 호랑이와 이리의 심술보다 더 사납다고 평가했다. 그러나 그는 일본이 러시아로부터 이러한 치욕을 당한 것은 결국 일본의 과실 때문이라고 보았다. 즉, "만일 일본이 먼저 청국을 침범하지 않았다면 러시아가 어찌 감히 이와 같이 행동했겠는가. 가히 제 도끼에 제 발등 찍힌 격이다"라고 생각한 것이다.

다음으로 안중근은 러일전쟁에 대해 논하였다. 그는 러일전쟁이 발발했을 때 이른바 명성황후 시해 사건이나 청일전쟁의 옛 원한을 새긴 한국과 청국에서 반일 봉기가 있었다면, 일본의 승리는 어려웠을 것이라고 보았다. 또 그렇게 되었다면 일본에는 국내의 분열과 서구 열강의 위협도 뒤따랐을 것이라고 하였다.

아울러 안중근은 러일전쟁 당시 일본은 기회를 잃지 말고 국력을 기울여 동으로 블라디보스토크와 남으로 하얼빈까지 혁파해 러시아를 완전히 굴복시켜야 했다고 지적했다. 특히 강화에서 백인종인 미국이 중재한 결과 일본은 러시아에게 큰 배상을 받지 못했는데, 같은 백인종인 러시아가 승리했다면 미국이 그렇게 중재했겠냐는 의문을 제기했다.

안중근은 이러한 상황을 설명한 후 다음과 같이 마무리 짓고 있다.

> 슬프다. 그러므로 자연의 형세를 돌아보지 않고 같은 인종 이웃 나라를 해치는 자는 마침내 독부獨夫의 환난을 기필코 면하지 못할 것이다.

3. 미완의 『동양평화론』을 보여주는 열쇠, 「청취서」

『동양평화론』은 과거 사실을 통해 일본의 반성을 촉구하는 정도에서 미완으로 끝나고 말았다. 안중근은 이어서 「현상」·「복선」·「문답」의 집필을 예정하고 있었다. 당시 안중근의 저술 구상을 정확하게 헤아릴 수는 없지만, 편명으로 대강의 내용을 유추해 볼 수는 있다.

먼저 「현상」에서는 당시의 국제 정세와 함께 일본의 한국·청국에 대한 침략 현상을 정리하고, 동시에 그에 대한 저항을 소개하려 한 것이 아니었을까. 또한 안중근이 신문과 자서전 등에서 강조한 이토 히로부미의 죄악상도 「현상」에서 상세히 언급할 계획이었으리라 짐작된다. 그리고 「복선」에서는 그가 구상하고 있던 동양 평화의 구체적인 방안을 제시하고, 「문답」에서는 이상에서 논의된 자신의 견해를 문답식으로 풀려고 했던 것이 아니었을까 생각해 본다.

부족한 부분에 대해서는 아래의 「청취서」가 참고가 될 수 있다. 이는 안중근이 관동도독부 고등법원장과 나눈 담화를 통역관이 필기해 둔 것이다.

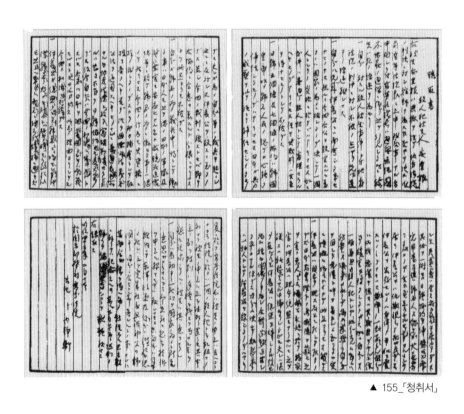

▲ 155_「청취서」

새로운 정책은 여순을 개방하여 일본·청국 그리고 한국이 공동으로 관리하는 군항으로 만들어 세 나라에서 대표를 파견하여 평화회의를 조직한 뒤 이를 공표하는 것이다. 이것은 일본이 야심이 없다는 것을 보이는 일이다. 여순은 일단 청국에 돌려주고 그것을 평화의 근거지로 삼는 것이 가장 현명한 방법이라고 생각한다. (중략)

재정 확보에 대해 말하면 여순에 동양평화회의를 조직하여 회원을 모집하고 회원 1명당 회비로 1원을 모금하는 것이다. 일본·청국 그리고 한국의 인민 수억이 이에 가입하는 것은 의심할 여지가 없다. 은행을 설립하고 각국이 통용하는 화폐를 발행하면 신용이 생기므로 금융은 자연히 원만해질 것이다. 그리고 중요한 곳에 평화회의 지부를 두고 은행의 지점도 병설하면 일본의 금융은 원만해지고 재정은 완전해질 것이다. 여순의 유지를 위해서 일본은 군함 5~6척만 계류해 두면 된다. 이로써 여순을 돌려주기는 했지만 일본을 지키는 데는 걱정이 없다는 것을 다른 나라에 보여주는 것과 다름이 없다.

이상의 방법으로 동양의 평화는 지켜지나 일본을 노리는 열강에 대응하기 위해서는 무장을 하지 않을 수 없다. 이 문제에 대해서는 일본·청국 그리고 한국의 3국에서 각각 대표를 파견하여 다루게 한다. 세 나라의 청년들로 군단을 편성하고 이들에게는 2개국 이상의 어학을 배우게 하여 우방 또는 형제의 관념이 높아지도록 지도한다. (중략)

금일의 세계 열강이 아무리 힘을 써도 이루지 못하는 것이 있다. 서구에서는 나폴레옹 시대까지 로마 교황으로부터 관을 받아씀으로써 왕위에 올랐었다. 그러나 나폴레옹이 이 제도를 거부한 뒤로는 이 같은 의식을 치르지 않게 되었다. 일본이 앞서 말한 것 같은 (평화적인 의미의) 패권을 얻은 뒤 일·청·한 세 나라의 황제가 로마 교황을 만나 서로 맹서하고 관을 쓴다면 세계는 이 소식에 놀랄 것이다.

오늘날 존재하는 종교 가운데 2/3는 천주교이다. 로마 교황을 통하여 세계 2/3의 민중으로부터 신용을 얻게 된다면 그것은 대단한 힘이 된다. 만일 이에 반대하면 여하히 일본이 강한 나라라고 해도 어쩔 수가 없게 된다.

— 「청취서」

안중근은 일본이 러일전쟁 때 점유한 여순항을 청에 돌려주고 그 항구를 동양 평화의 근거지로 만들어야 한다고 생각했다.

서쪽으로 발해渤海, 동쪽으로 황해黃海에 면하고 남쪽으로 산둥반도를 마주보는 여순군항은 중국 요령성의 요동반도 최남단에 자리 잡고 있으며, 현재 행정구획상 대련시 여순구에 속해 있다.

일본은 이 군항을 청일·러일의 두 차례 전쟁 때 수만 군병의 희생을 무릅쓰고 여러 차례 격전을 벌여 점유하고 만주 침략의 주력 군단인 관동군의 근거지로 삼았다. 군항 뒤편의 안자산女字山과 동서의 계관산鷄冠山, 그리고 망태望台, 이룡산二龍山, 송수산松樹山에 철통같은 포대와 방어 진지를 수년에 걸쳐 쌓아 난공불락의 여순 요새를 완성하고 만주 침략의 교두보로 삼았다.

안중근은 여순군항을 동양 평화의 근거지로 만들기 위해서는 다음과 같은 일들이 필요하다고 보았다.

첫째, 한·중·일 삼국이 공동 관리하는 군항을 만들어 삼국 청년들로 군단을 편성해 지키게 하고, 그들에게 2개국 이상의 언어를 배우게 해 우방 또는 형제의 관념이 높아지게 우의를 다져가야 한다.

둘째, 여순에 한·청·일이 먼저 동양평화회의를 조직하고 동양 평화의 방략을 세우고 실천해야 한다. 이 평화회의를 장차 인도·태국·버마 등 동양 제국諸國이 다 참여하는 회의로 발전시키면 동양 평화의 중심지가 될 것이다.

셋째, 한·중·일 삼국이 참여하는 공동 금융기구를 설치 운영해야 한다. 그 방략 중 하나는 한·중·일 국민 모두를 회원으로 가입시키고, 회원 1인당 1엔씩 회비를 모금하는 것이다. 그렇게 모인 자금으로 은행을 설립하고 공용 화폐를 발행하면 일본의 당면 과제인 재정도 확보할 수 있고, 평화 회의에 참가한 각국 중요지에 평화회의 지부와 은행의 지점을 둔다면 신용이 두터워져 그만큼 동양 평화도 돈독해져 갈 것이다.

넷째, 서구에서 나폴레옹 이전 시대까지 중요한 평화 유지책이었던 로마 교황으로부터 왕관王冠을 받아쓰는 관례를 삼국이 원용한다면 동양 평화 유지에 크게 유익할 것이다.

03 안중근의 '동양평화론'이 오늘 우리에게 주는 메시지

　이토를 비롯한 일제 침략자들도 '동양평화론'을 주장했다. 그러나 이들의 '동양평화론'은 안중근의 '동양평화론'과 이름만 같을 뿐 그 내용과 논리가 판이하게 달랐다. 그들의 동양평화론은 탈아론脫亞論에 빠져 황화론黃禍論을 빌미로 동양의 패권을 잡아 동양 각국에 대한 자신들의 침략주의를 합리화시키기 위한 것이었다.

　신채호는 동양주의의 본질은 일본의 침략성을 은폐하기 위한 섯임을 성확하게 지적했다. 동양주의라는 것은 "동양 제국이 일치단결하여 서방의 동점東漸을 방어한다"는 것이지만, 실상은 이 주의가 퍼지면서 "동양에 있는 나라면 적국도 아국으로 여기고 동양에 있는 족이면 원수의 민족도 아족으로 생각하는 자"가 점차 늘어나게 됐다고 하였다. 따라서 이 동양주의를 이용하여 국가를 구한다고 하지만 결국에는 "한인이 동양주의를 이용하여 국가를 구하는 자는 없고, 외인이 동양주의를 이용하여 국혼을 찬탈하는 자가 있다"는 것이다.

　이것은 일본맹주론으로 귀결된다. 황색인종의 단결을 기치로 내거는 동양주의는 결국 아시아의 강자인 일본을 중심으로 단결해야 한다는 이른바 일본맹주론을 낳고, 일본이 미개한 아시아를 지도·지배해야 한다는 주장으로 이어질 수밖에 없기 때문이다. 청일전쟁과 러일전쟁이 동양 평화와 한국 독립을 위한 것이라는 일본 측의 주장은 일본이 동양의 선각자이며 삼국의 전도자前導者라고 인식하는 '동양주의=

일본맹주론'의 맥락에서 나온 것이었다.

그러나 안중근의 '동양평화론'의 근간이 되는 동양주의는 일본맹주론과 달리 평화 공존과 수평적 연대를 기초로 하는 것이었다. 모두가 자주 독립해 갈 수 있는 것이 평화이며, 한 나라라도 자주 독립이 되지 않으면 동양 평화라고 말할 수 없다는 것이 안중근의 생각이었다. 평등성에 바탕을 둔 각 나라의 자주 독립이 진정한 평화라는 것이다. 이에 안중근은 동양 삼국이 자주 독립과 국제적인 협력을 바탕으로 평화체제를 구축해야 한다고 생각했다. 여순을 개방해 평화회의를 개최하고, 동양 삼국이 공조해 동북아의 평화와 번영을 이루도록 하자는 주장은 이러한 맥락에서 나온 것이었다.

지금으로부터 100여 년 전, 안중근은 '동양평화론'을 제기하고 동아시아 평화공동체를 구상했다. 그가 그린 몇 가지 구상안은 현재의 유럽 공동체EU를 연상시킬 정도로 앞서 있다.

지금 우리의 상황은 100여 년 그때와 어떤 면에서는 분명 다르지만, 또 어떤 면에서는 매우 흡사하다. 오늘날 한·중·일 삼국은 겉으로는 안중근이 바란 대로 '평화'롭지만, 영토 분쟁과 역사 분쟁 등으로 여전히 보이지 않는 '전쟁'을 치르고 있다. 안중근의 동양평화론은 오늘날 한국, 중국, 일본을 넘어 각종 분쟁 속에 살아가고 있는 전 세계인들에게 많은 메시지를 던져준다.

한·중·일 삼국이 분쟁의 불씨를 끄고 사형대에 위에서 "동양 평화 만세"를 외친 안중근과 함께 "동양 평화 만세"를 부를 그날을 기대해 본다.

아무것도 남길 유언은 없으나 다만 내가 한 이토 히로부미 사살은 동양 평화를 위해 한 것이므로 일·한 양국인이 서로 일치협력해서 동양 평화의 유지를 도모하기를 바란다. 나와 함께 '동양 평화 만세'를 부르자.

깊이 읽기 탈아론脫亞論, 흥아론興亞論, 황화론黃禍論

　　탈아론은 갑신정변에 적극 개입했던 일본 사상가 후쿠자와 유키치福澤諭吉가 갑신정변이 실패로 끝난 지 100일 만인 1885년 3월 16일 『시사신보』 사설을 통해 발표한 주장이다. 탈아입구脫亞入歐를 부르짖는 탈아론은 "동양의 후진국과 교제하지 말고, 그들을 유럽인들이 대하듯이 대하라"는 주문이었다.

　　탈아론은 흥아론과 연결된다. 탈아론은 "값싼 인종주의나 동정주의에 연연하지 말고, 서구 열강의 문명 제국과 벗하여 일본을 문명화하고 서구 열강의 방식에 따라 아시아를 침략하자"는 것인 반면, 흥아론은 "같은 문자를 쓰고 인종이 같은 아시아 민족이 일본을 맹주로 대동단결하여 서구 열강을 아시아에서 물리쳐 부흥시키자"는 주장이다.

　　황화론은 청일전쟁 말기인 1895년 독일 황제 빌헬름 2세가 주창한 황색인종 억압론이다. 황색인종이 유럽 문명에 대하여 위협을 준다고 규정하고 황색인종을 세계의 활동 무대에서 몰아내지 않으면 안 된다는 정치론이다. 이 배경에는 인종 차별·인종 편견이 있지만, 근본적으로는 당시 일본의 국력과 국제적 발언권의 강화가 아시아에 대한 유럽 열강의 제국주의적 정책에 방해가 됐기 때문이다.

　　구체적으로는 황화黃禍를 방지하기 위해 러시아의 극동정책을 강화시켜 일본에 대한 관심을 높이고, 러시아를 영국과 대립시킴으로써 발칸과 근동近東 방면에서 러시아의 힘을 약화시키려는 정치적인 의도가 있었다. 이와 같은 정책이 노골적으로 나타난 것이 1895년의 러시아·프랑스·독일에 의한 삼국간섭이다.

— 『한국민족문화대백과』, 한국학중앙연구원 참고

부록

01 연보

▣ 안중근의 삶의 발자취

1세　1879년 9월 2일 음력 7월 16일

황해도 해주부 광석동에서 부친 안태훈과 모친 조마리아 사이에서 장남으로 태어남.

6세　1884년

부친 안태훈은 박영효朴泳孝의 70명 유학생에 선발되었으나 갑신정변으로 유학하지 못함.

동생 정근1884~1949 출생.

7세　1885년

안씨 일가 해주에서 황해도 신천군 두라면 청계동으로 이주함.

조부 안인수가 설립한 서당에서 한학 교육을 받음.

8세　1886년

6월 4일　한불조약 체결.

11세　1889년

7월 11일　막내 동생 공근1899~1939 출생.

12세　1890년

9월 21일　뮈텔Journal de Mgr, Mutel, 閔德孝 제8대 조선교구장으로 임명되어 파리에서 주교 서품을 받음.

13세	1891년	
		여동생 성녀 출생.
14세	1892년	
		조부 안인수 별세로 정신적인 충격을 받음.
15세	1893년	
	9월 25일	종현성당_{현 명동성당} 완공.

15세 1893년

9월 25일 종현성당현 명동성당 완공.

16세 1894년

황해도 재령군 거주 향반 김홍섭의 딸 아려17세와 결혼함.

11월 13일 황해도 지역 동학군에 대항해 부친 안태훈이 조직한 신천의
려군 선봉장으로 출전하여 용맹을 떨침.

17세 1895년

2월경 청계동에 온 백범 김구와 상면함. 안태훈 천주교를 신봉.

4월 청일전쟁 끝남.

4~5월 부친 안태훈, 동학당으로부터 빼앗은 군량미에 대해 그 절반
은 어윤중의 것이고 나머지 절반은 민영준의 것이라고 하여
반환을 요구받음.

5~6월 김종한, 안태훈 구명운동을 시작.

18세 1896년

10월 부친 안태훈, 동학당으로부터 빼앗은 군량미 문제로 천주교
종현성당으로 피신하였다가 청계동으로 귀향함.『교리문답』
등 120권의 천주교 서적을 가져옴.

12월 빌렘 신부Wihelm, Nicolas Joseph Mare, 洪錫九 안태훈의 요청으로 청계
동을 방문.

19세	1897년	
	1월경	안중근을 비롯한 안태훈 일가가 빌렘 신부로부터 '도마_{Thomas}' 로 세례를 받음.「안응칠 역사」에는 17세로 되어 있음.
	4월 22일	빌렘_{Wihelm, Nicolas Joseph Mare, 洪錫九} 신부, 청계동에 공소 설치.
	11월	뮈텔 주교, 청계동을 방문.
	12월	뮈텔이 청계동에서 해주로 갈 때 안중근이 안내.
20세	1898년	
	2월	빌렘 신부, 투옥된 안태훈을 해주감사에게 항의하여 구출.
	4월	빌렘 신부, 청계동에 본당을 세우고 부임.
21세	1899년	
	3월 9일	천주교, 교민조약 체결로 선교 자유 획득.
	4월	빌렘 신부, 황해도 재령본당 부임. 안중근 금광 감리 주가와 충돌함 그리고 만인계 채표회사 사장에 피선.
	10월	전 참판 김중환이 옹진 군민의 돈 5천 냥을 갈취한 문제 해결을 위한 총대로 선출됨. 프랑스어 학습 단념.
24세	1902년	
		장녀 현생 출생.
25세	1903년	
	1월	해서교안
	5월 28일	빌렘 신부, 두세 신부를 통해 소환에 불만을 표시.
	11월 4일	해서교안 타결. 관료들의 폭압으로 인한 교인의 인권문제를 해결하기 위해 황해도 지역 교인 대표로 활약.

26세	1904년	
	2월 8일	러일전쟁 개전에 즈음하여 일제 침략성을 인식.
	4~7월	청국의사 서원훈과 안태훈 충돌사건 발생.
	7월	보안회를 방문하여 결사대를 조직, 한국 침략의 원흉 하세가와 요시미치長谷川好道 저격을 제안하였으나 거절당함.
27세	1905년	
	6월	부친과 상의하여 항일운동의 거점을 만들기 위해 중국 산둥과 상하이 일대 시찰. 르각Le Gac, Charles Joseph Ange, 郭元良 신부로부터 교육사업 등 계몽운동에 정진하라는 충고를 들음.
	11월 16일	「을사늑약」 체결.
	12월	부친 안태훈 사망으로 귀국. 독립을 이루는 그날까지 금주를 맹세. 장남 분도 출생12세에 사망.
	12월 25일	이토 히로부미가 한국통감에 임명.
28세	1906년	
	1월 19일	르각 신부 홍콩에서 돌아옴.
	3월	안중근 일가 진남포 억량기에서 용정동으로 이주함.
	3~9월	진남포에 삼흥학교를 설립하여 문무쌍전에 입각한 민족 교육을 실시. 돈의학교를 인수 · 운영.
29세	1907년	
	3월경	미곡상을 운영하는 한편 한재호 · 손병운과 평양에 석탄회사 삼합의 설립 계획. 일본인 방해로 실패. 국채보상운동에 동참.
	4월	국채보상운동에 적극 참가.

5월	진남포성당 내에 영어야학을 후원.
7월 18일	고종 강제 퇴위 당함.
8월 1일	군대 해산을 목격하고 서울을 떠남.
8월 초	부산에서 1~2일간 머묾.
8월 중순경	원산에서 1주일 정도 머물면서 루이 브레 신부를 방문하였으나 구국운동을 못마땅하게 생각하여 지원해 주지 않음.
9월	간도 용정을 중심으로 동포들의 상황을 시찰.
10월 말경	종성, 경흥을 거쳐 포시에트에서 블라디보스토크로 감. 이곳에서 계동청년회에 가입하고 임시 사찰로 활약함.
겨울	엄인섭 · 김기룡과 결의형제를 맺음.

30세 1908년

3월 21일	『해조신문』에 「인심결합론」을 발표.
3월 23일	전명운 · 장인환, 샌프란시스코에서 친일 앞잡이 스티븐스 처단.
5월경	동의회 총장 최재형, 부총장 이범윤, 회장 이위종, 부회장 엄인섭 평의원으로 참여.
6월	홍범도를 만남.
7~8월	연합의병부대(총독 김두성, 대장 이범윤) 중 최재형 부대 우영장으로 국내 진공 작전에 참가하였으나 실패함.
9월경	이강이 설립한 블라디보스토크 공립협회 회원으로 활동.
10월 2일	수원에서 빌렘 신부에게 엽서를 보냄.
11월	연해주 등지를 순회하며 민지 계발을 역설.

31세 1909년

2월 15일	일심회 발기인으로 참여.
2월 26일 음력 2월 7일	황병길 등 11인과 동의단지회 단지동맹 결성.

7월 6일	일본각의, 한국병탄을 의결하고 일본 천황의 재가를 받음.
9월경	이석산을 만남.
10월 14일	이토, 오이소大磯 출발.
10월 18일	이토, 요동반도 대련항에 도착.
10월 19일	연추를 떠나 블라디보스토크에 도착. 이치권의 집에 머물면서 이토의 만주 방면 시찰 소식을 들음.
10월 20일	대동공보사에서 이토의 만주 시찰을 확인. 거사자금 100원을 이석산이진룡으로부터 강제 차용함. 우덕순 동지와 이토 처단 계획을 합의.
10월 21일	오전 8시 30분발 열차를 타고 블라디보스토크를 떠남. 도중 포그라니치나야에서 한의사 유경집의 아들 유동하를 러시아어 통역으로 대동하고 10시 34분에 하얼빈으로 출발.
10월 22일	저녁 안중근 일행 하얼빈 역에 도착하여 유동하의 사돈 김성백의 집에 숙박함. 이토는 여순을 거쳐 봉천심양에 도착.
10월 23일	오전에 이발을 하고 우덕순·유동하와 함께 중국인 사진관에서 사진을 찍음. 김성옥 집에 유숙하던 조도선을 방문. 「장부가」를 지음.
10월 24일	우덕순·조도선이 함께 우편열차를 타고 남행하여 채가구지야이지스고역 도착. 유동하에게 채가구 도착을 알리고 일이 있으면 전보를 치라고 타전함. 유동하, 이토가 도착한다는 내용을 전보로 보냄. 안중근, 우덕순과 이토 저격 거사에 대해 논의함.

10월 25일   채가구를 떠나 기차 안에서 26일 이토가 하얼빈에 도착함을 파악. 안중근, 하얼빈 도착.

10월 26일   7시경 하얼빈 역 도착.

이토 일행, 9시 15분에 열차에서 하차.

9시 30분 러시아 의장대 사열 후 일본 환영단으로 향하던 이토에게 네 발을 발사해 세 발을 명중시킴. 이때 러시아 군인이 덮쳐 권총을 떨어뜨리고 "코레아 우라"를 세 번 외침. 이토, 곧 절명함.

하얼빈 역 구내에서 러시아 관헌으로부터 조사받음.

러시아 당국, 안중근을 일제에 인도하기로 결정.

11시 55분 채가구에 있던 우덕순·조도선 체포당함.

저녁 하얼빈 일본 총영사관으로 인도됨.

10월 27일   일본 외상 고무라 주타로, 안중근 재판을 관동도독부로 넘김.

『대한매일신보』, 「이등 총마졋다」라는 기사로 안중근 의거를 보도.

10월 28일   고무라 외상, 안중근 경력, 소속 당파, 종교, 정치상의 의견, 생활비의 출처 등을 조사 보고하라는 명령을 구라치 테츠키치 정무국장에게 내림.

10월 30일   일제, 안중근 여순감옥 구류를 결정.

미조부치 검사, 안중근 1회 신문. 이토 죄상 15개 조를 거론.

10월 31일   우덕순·조도선·유동하·정대호 등 제1회 신문.

구라치 테츠키치 정무국장, 도쿄를 출발.

11월 1일   안중근 외 9명 연루자 여순으로 출발.

11월 3일	안중근 외 9명 여순감옥에 수감. 일본 정무국장 구라치 테츠키치, 여순에 도착.
11월 5일	도쿄에서 이토 장례식이 거행됨.
11월 6일	「안중근 소회」 제출.
11월 7일	미조부치 검사, 안중근 장남을 신문.
11월 8일	일본 외상 고무라, 안중근에게 일본 형법 적용 지시. 미조부치 검사, 김성백을 신문.
11월 14일	미조부치 검사, 안중근 2회 신문.
11월 15일	미조부치 검사, 안중근과 유동하 3회 신문.
11월 16일	미조부치 검사, 안중근 4회 신문.
11월 17일	미조부치 검사, 유동하·안중근 대질신문.
11월 18일	미조부치 검사, 안중근 5회 신문과 우덕순·유동하 대질신문.
11월 19일	미조부치 검사, 안정근과 안공근 신문.
11월 22일	조선총독부 사카이 키메이 경시를 여순감옥으로 파견하여 신문.
11월 24일	미조부치 검사, 안중근 6회 신문과 정대호 대질신문.
11월 26일	미조부치 검사, 안중근 7회 신문. 사카이 키메이 경시, 안중근 1회 신문.
11월 27일	사카이 키메이 경시, 안중근 2회 신문.
11월 29일	사카이 키메이 경시, 안중근 3회 신문.
11월 30일	구라치 테츠키치, 안중근 처벌 수위에 대하여 일본정부에 질의.
12월 1일	사카이 키메이 경시, 안중근 4회 신문. 미하일로프 변호사, 안중근과 면담하고 변호계 제출.
12월 2일	사카이 키메이 경시, 안중근 5회 신문.

12월 3일	사카이 키메이 경시, 안중근 6회 신문.
12월 4일	사카이 키메이 경시, 안중근 7회 신문.
12월 5일	사카이 키메이 경시, 안중근 8회 신문.
12월 6일	사카이 키메이 경시, 안중근 9회 신문.
12월 9일	사카이 키메이 경시, 안중근 10회 신문과 유동하 대질신문.
12월 10일	사카이 키메이 경시, 안중근 11회 신문.
12월 11일	사카이 키메이 경시, 안중근 12회 신문.
12월 13일	『안응칠 역사』 집필 시작.
12월 16일	사카이 키메이 경시, 안정근과 안공근 신문.
12월 20일	미조부치 검사, 안중근 8회 신문.
12월 21일	미조부치 검사, 안중근 9회 신문. 사카이 키메이 경시, 안중근 13회 신문.
12월 22일	미조부치 검사, 안중근 10회 신문.

32세 1910년

1월 14일	블라디보스토크 한인촌에서 안 의사 유족구제공동회 개최.
1월 26일	미조부치 검사, 안중근 11회 신문.
2월 1일	안병찬, 정근·공근 형제와 함께 안중근을 면회.
2월 6일	사카이 키메이 경시, 안중근 신문 13회 신문.
2월 7일	제1회 공판. 하얼빈 의거는 잘못된 일본의 대한정책임을 강조.
2월 8일	제2회 공판.
2월 9일	제3회 공판. 더글러스 변호사, 야마토 호텔에서 재판의 부당성에 대한 기자회견 가짐.
2월 10일	제4회 공판. 미조부치 검사, 안중근에게 사형을 선고. 우덕순에게 징역 3년, 조도선과 유동하에게 징역 1년 6월이 구형.

2월 12일	제5회 공판.
2월 13일	안명근, 여순 도착.
2월 14일	제6회 공판, 안중근 사형 언도.
2월 15일	안병찬을 통해 동포에게 유언을 알림.
2월 17일	히라이시 고등법원장과 면담. 동양평화론을 설파. 『동양평화론』 집필을 시작.
2월 19일	항소를 포기.
3월 7일	홍석구 신부, 여순에 도착.
3월 8일	홍 신부, 안공근 등을 대동하고 안중근을 면회.
3월 9일	홍 신부, 두 번째 안중근 면회.
3월 10일	홍 신부, 세 번째 안중근 면회. 종부성사를 청함.
3월 11일	홍 신부, 마지막 안중근 면회.
3월 15일	『안응칠 역사』 탈고.
3월 24일	유서 6통을 작성.
3월 25일	안정근 · 안공근 · 미즈노水野 · 가마다鎌田 두 변호사와 면담. 수의가 고향에서 도착.
3월 26일	'동양 평화'를 유언으로 남기고 여순감옥에서 순국하여 공동묘지에 묻힘. 안정근과 안공근이 안중근 유해 인도를 요구하나 감옥 당국으로부터 거부당함.
3월 28일	『만주일일신문』에서 안중근 공판 기록 발행.
4월 2일	안중근 추모회가 블라디보스토크 한인들에 의해 개최.

02 참고 문헌

1) 1차 자료

국가보훈처 편, 『아주제일의협(亞洲第一義俠) 안중근』 1~3, 국가보훈처, 1995.

국사편찬위원회 편, 『한국독립운동사: 자료』 6 · 7, 국사편찬위원회, 1978.

국사편찬위원회 편, 『한국독립운동사: 자료』 34, 국사편찬위원회, 1997.

독립기념관 한국독립운동사연구소 편, 『안중근 의사자료집』, 국학자료원, 1999.

독립기념관 한국독립운동사연구소 편, 『중국신문 안중근의거 기사집』, 2011.

독립기념관 한국독립운동사연구소 편, 『일본신문 안중근 의사집』 1 · 2, 2011.

김도형 편, 『대한국인 안중근 자료집』, 선인, 2008.

신용하 편, 『안중근 유고집』, 역민사, 1995.

윤병석 편, 『안중근전기전집』, 국가보훈처, 1999.

윤병석 편역, 『안중근문집』, 독립기념관, 2011.

2) 단행본

국가보훈처 · 광복회 편, 『21세기와 동양평화론』, 국가보훈처, 1996.

김삼웅, 『안중근평전』, 시대의창, 2009.

김호일, 『대한국인 안중근－사진과 유묵으로 본 안중근 의사의 삶과 꿈』, 안중근
　　　의사숭모회, 2010.

노베르트 베버 지음, 박일영 장정란 옮김, 『고요한 아침의 나라』, 분도출판사,
　　　2012.

박보리스 지음, 신운용 이병조 옮김, 안중근의사기념사업회편, 『하얼빈역의 보복』, 채륜, 2009.

박 환, 『대륙으로 간 혁명가들』, 국학자료원, 2003.

박 환, 『시베리아 한인 민족운동의 대부 최재형』, 역사공간, 2008.

서명훈, 『안중근 의사 할빈에서의 열하루』, 흑룡강성출판사, 2005.

신운용, 『안중근과 한국근대사』, 채륜, 2009.

이성환 · 이토 유키오(伊藤之雄) 편, 『한국과 이토 히로부미』, 선인, 2009.

이은상 편, 『안중근 의사 자서전』, 안중근의사숭모회, 1979.

이태진 외, 『영원히 타오르는 불꽃』, 지식산업사, 2010.

안중근의사기념관 편, 『대한국인 안중근: 사진과 유묵』, 안중근의사기념관, 2001.

안중근의사기념관 · 일곡문화재단, 『안중근 의사의 삶과 나라사랑 이야기-안의사의 옥중자서전』, 2011.

안중근의사숭모회 편, 『안중근 의사의 위업과 사상 재조명』, 2005.

안중근의사숭모회, 『대한의 영웅 안중근』, 2008.

오영섭, 『한국 근현대를 수놓은 인물들(1)』, 경인문화사, 2007.

윤병석, 『안중근 연구』, 국학자료원, 2011.

윤선자, 『한국근대사와 종교』, 국학자료원, 2002.

윤선자, 『일제의 종교정책과 천주교회』, 경인문화사, 2007.

이수광, 『대륙의 영혼 최재형』, 랜덤하우스, 2008.

이수광, 『안중근 불멸의 기억』, 추수밭, 2009.

장석흥, 『안중근의 생애와 구국운동』, 독립기념관 한국독립운동사연구소, 1992.

최기영, 『한국근대계몽사상연구』, 일조각, 2003.

최서면, 『새로 쓴 안중근 의사』, 집문당, 1994.

황병훈, 『안중근을 보다』, 해피스토리, 2009.

황재문, 『안중근평전』, 한겨레출판, 2012.

나카무라 기쿠오(中村菊男) 지음, 강창일 옮김, 『이등박문』, 중심, 2000.

사이토 타이겐(齊藤泰焉) 지음, 이송은 옮김, 『내 마음의 안중근』, 집사재, 2002.

사키 류조(佐木隆三) 지음, 이성범 옮김, 『안중근과 이토 히로부미』, 제이앤시, 2003.

市川正明, 『安重根と日韓關係史』, 東京: 原書房, 1979.

3) 논문

김수태, 「안중근과 천주교의 관계에 대한 비판적 검토」, 『한국독립운동사연구』 38, 2011.

김형목, 「안중근의 국내계몽활동과 민족운동사상의 위상」, 『숭실사학』 29, 2012.

도진순, 「안중근 가문의 유방백세와 망각 지대」, 『역사비평』 90호, 2010.

도진순, 「안중근의 전쟁과 평화, 죽임과 죽음」, 『역사와 현실』 75호, 한국역사연구회, 2010.

박민영, 「안중근의 연해주 의병투쟁연구」, 『한국독립운동사연구』 35, 2010.

반병률, 「노령 연해주 한인 사회와 한인 민족운동」, 『한국근현대사연구』 7집, 한국근현대사연구회, 1997.

반병률, 「안중근과 최재형」, 『역사문화연구』 제33집, 한국외국어대학교 역사문화연구소, 2009.

반병률, 「러시아에서의 안중근의 항일독립운동에 대한 재해석」, 『한국독립운동사연구』 34, 2010.

신광철, 「안중근을 보는 두 가지 시선: 남북한 영화가 재현해낸 애국적 인물의 궤적」, 『인문콘텐츠』 1호, 인문콘텐츠학회, 2003.

신운용, 「안중근의 민족운동 연구」, 한국외국어대학교 박사학위논문, 2007.

오영섭, 「안중근 가문의 독립운동」, 『안중근과 한인민족운동』, 국학자료원, 2000.

오영섭, 「안중근의 옥중문필활동」, 『한국민족운동사연구』 55, 2008.

오영섭, 「안중근의 정치체제구상」, 『한국독립운동사연구』 31, 2009.

윤경로, 「안중근의거 배경과 동양평화론의 현대사적 의의」, 『한국독립운동사연구』 36, 2010.

윤병석, 「안중근 의사 전기의 종합적 검토」, 『한국근현대사연구』 9집, 한국근현대사연구회, 1998.

윤병석, 「안중근의 연해주 의병과 동의단지회」, 『한국독립운동사연구』 14, 2000.

윤병석, 「안중근의 동의단지회의 보유」, 『한국독립운동사연구』 32, 2009.

윤병석, 「안중근의 사진」, 『한국독립운동사연구』 37, 2010.

유병호, 「중국인들이 바라본 안중근의 형상」, 『한국민족운동사연구』 43, 2005.

이명화, 「이강의 독립운동과 안중근의거」, 『한국인물사연구』 11, 2009.

조 광, 「안중근 연구의 현황과 과제」, 『한국근현대사연구』 12집, 한국근현대사학회, 2000.

조 광, 「안중근의 아내와 그 자녀들」, 『경향잡지』 1627호, 한국천주교중앙협의회, 2003.

조동걸, 「안중근 의사 재판기록상의 인물 金斗星考」, 『한국근현대사의 이상과 형상』, 푸른 역사, 2001.

최덕규, 「고종황제와 안중근의 하얼빈의거(1904-1910)」, 『한국민족운동사연구』 73, 2012.

한상권, 「안중근의 하얼빈거사와 공판투쟁(1)-검찰관과의 논쟁을 중심으로」, 『역사와 현실』 54, 2004.

한상권, 「안중근의 하얼빈거사와 공판투쟁(2)」, 『덕성여대논문집』 33, 2004.

한시준, 「안중근에 대한 중국학계의 연구성과와 과제」, 『한국근현대사연구』 59, 2011.

한철호, 「일본학계의 안중근 연구쟁점과 과제」, 『한국근현대사연구』 61, 2012.

현광호, 「안중근의 동양평화론과 그 성격」, 『아세아연구』 113호, 고려대학교아세아문제연구소, 2003.

현광호, 「유길준과 안중근의 동아시아 인식 비교」, 『역사비평』 76호, 2006.

03 화보 색인

001_p.6

002_p.8

003_p.9

004_p.9

005_p.10

006_p.10

007_p.13

008_p.14

009_p.15

010_p.17

011_p.18

012_p.21

013_p.23

014_p.24

015_p.25

016_p.27

017_p.27

018_p.29

019_p.31

020_p.34

021_p.37

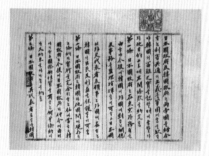

022_p.39

023_p.39

024_p.40 / 121_p.143

025_p.42

026_p.44

027_p.44

028_p.45

029_p.47

030_p.49

031_p.51

033_p.51

032_p.51

034_p.51

035_p.51

036_p.52

037_p.54

038_p.55

039_p.55

040_p.56

041_p.56

042_p.57

043_p.57

044_p.58

045_p.58

046_p.59

047_p.60

048_p.61

049_p.62

050_p.65

051_p.66

052_p.68

053_p.70

054_p.74

055_p.74

056_p.74

057_p.75

058_p.77

059_p.77

060_p.78

061_p.78

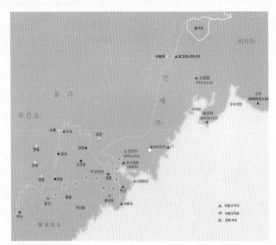

062_p.79

063_p.83

064_p.84

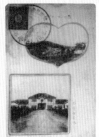

065_p.87

066_p.95

067_p.96

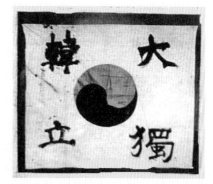

068_p.97

069_p.97

070_p.99

071_p.101

072_p.104

073_p.105

074_p.105

075_p.106

076_p.108

077_p.108

078_p.109

079_p.109 / 111_p.137

080_p.110

081_p.110

082_p.111

083_p.111

084_p.111

085_p.112

086_p.113

087_p.113

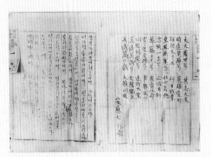

088_p.114

089_p.115

090_p.116

091_p.117

092_p.120

093_p.121

094_p.120

095_p.121

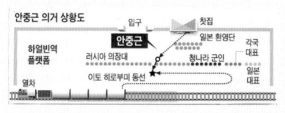

096_p.122

097_p.123

098_p.122 / 124_p.146

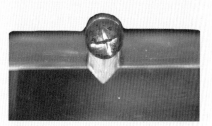

099_p.122

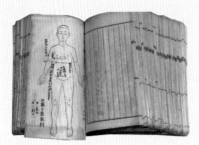

100_p.123

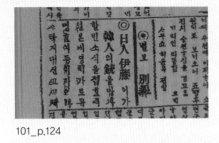

101_p.124

103_p.125

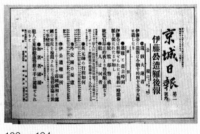

102_p.124

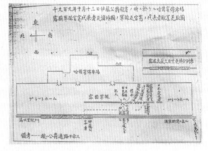

104_p.131

105_p.131

106_p.132

107_p.132

108_p.134

109_p.136 / 119_p.143

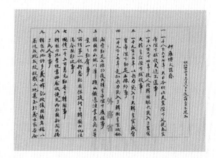

110_p.137

112_p.138

113_p.139

114_p.139

115_p.139

116_p.139

117_p.140

118_p.141

120_p.143

122_p.145

123_p.145

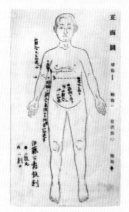

125_p.146

126_p.148

127_p.149

128_p.149

129_p.150

130_p.151

131_p.151

132_p.152

133_p.155

134_p.156

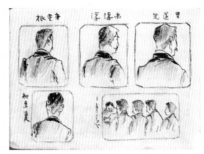

135_p.157

136_p.158

137_p.159

138_p.161

139_p.165

140_p.173

141_p.175

142_p.178

143_p.180

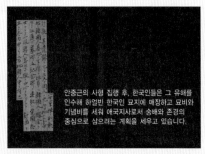

안중근의 사형 집행 후, 한국인들은 그 유해를
인수해 하얼빈 한국인 묘지에 매장하고 묘비와
기념비를 세워 애국지사로서 숭배와 존경의
중심으로 삼으려는 계획을 세우고 있습니다.

144_p.181

145_p.185

146_p.187

147_p.190

148_p.195

149_p.206

150_p.208

151_p.209

152_p.209

153_p.211

154_p.212

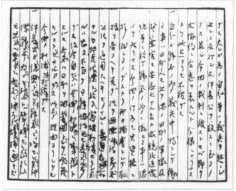
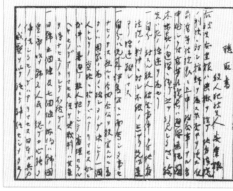
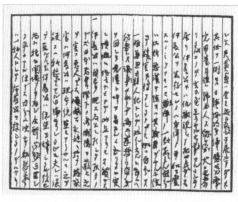

04 목록 색인

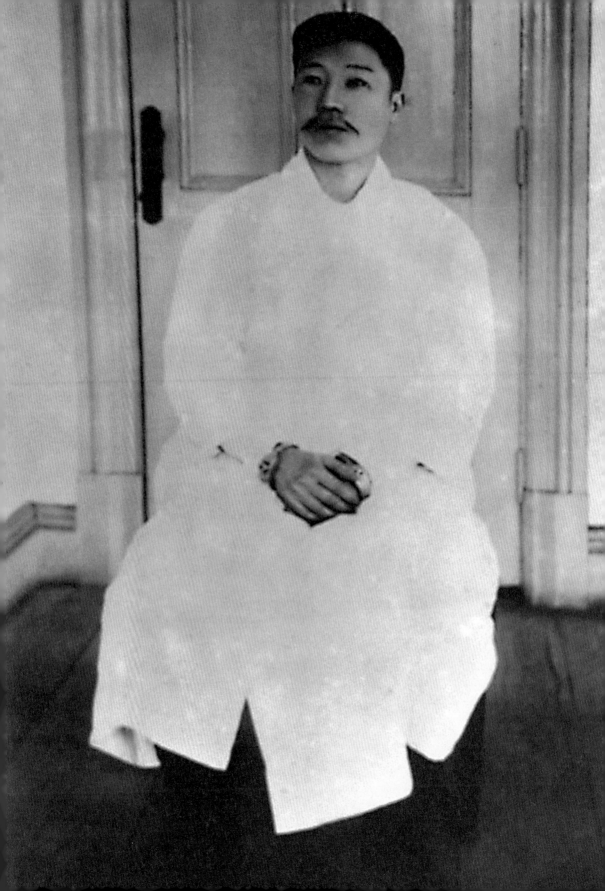